Elisabeth Jucker

Unterwegs in Bhutan

Bhutan, das kleine Königreich im Himalaja, umschlossen von Indien und China, übt eine spezielle Anziehungskraft aus. Die westlichen Medien preisen das Land als Paradies auf Erden, als ein Land, das viele Fehler, die andere Staaten in vergleichbarer Situation begangen haben, nicht wiederholt und eigene Wege geht. Das hat die Autorin verlockt, das viel gerühmte «Land des Donnerdrachens» selber zu besuchen.

Sie reiste von Paro nach Thimphu, Punakha, Trongsa und Bumthang, bis nach Ura und Phobjikha.

Die landschaftliche Schönheit von subtropischen Wäldern bis zum kargen Hochgebirge, die prächtigen historischen Tempel, die tiefe Verbundenheit der Menschen mit der Natur, dem buddhistischen Glauben und ihrer Kultur haben sie tief beeindruckt. Ebenso berührt war sie von den überraschenden, lustigen oder ernsthaften Situationen, die sich durch das Zusammentreffen der Kulturen ergeben haben.

Elisabeth Jucker

Unterwegs in

Bhutan

Kultur- und Wanderreise
im Land des Donnerdrachens

Umschlagfoto: Unterwegs in Bumthang

Bibliografische Information der Deutschen
Nationalbibliothek: Die Deutsche Nationalbiblio-
thek verzeichnet diese Publikation in der Deutschen
Nationalbibliografie; detaillierte bibliografische
Daten sind im Internet über http://dnb.d-nb.de
abrufbar.

© 2018 Elisabeth Jucker
Umschlag, Gestaltung, Satz: ju-design.ch
Fotos: Elisabeth Jucker
Lektorat: Robert Ruckstuhl
Verlag: Tredition GmbH, Hamburg

| Paperback | ISBN 978-3-7469-4752-5 |
| e-Book | ISBN 978-3-7469-4753-2 |

Inhalt

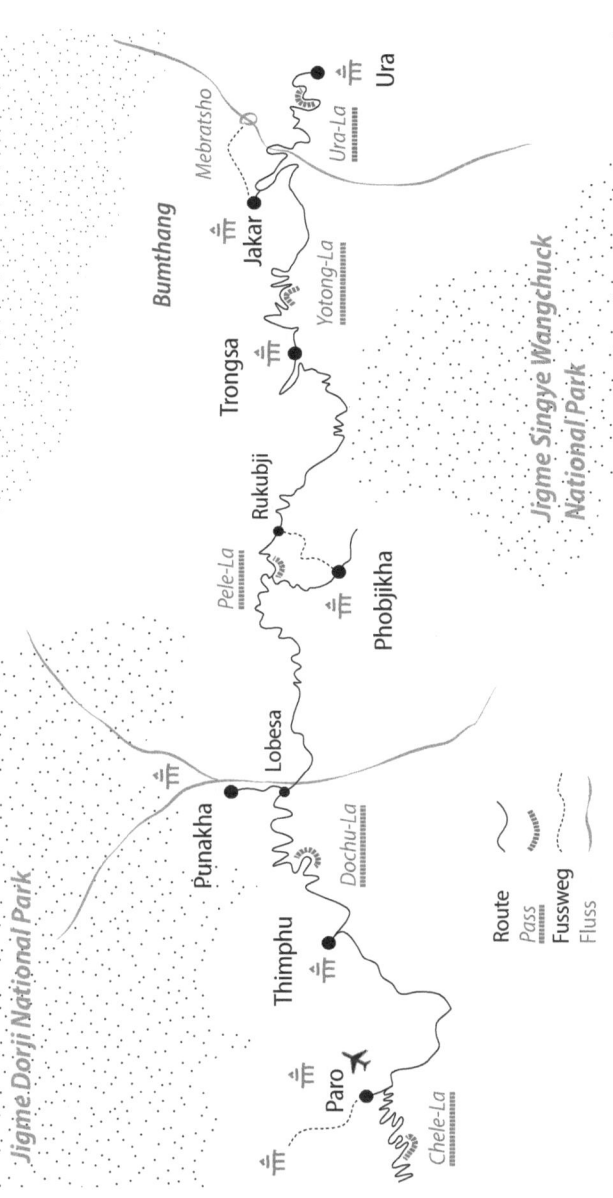

Tagebuchauszug:

«Es begegnen mir lauter warmherzige, sonnige Menschen. Ich fühle mich wie in einer Oase. Dieses Gefühl wird mich auf der ganzen Reise begleiten. Bhutan ist nicht von dieser Welt.»

Meine Reise ins Königreich Bhutan

Im April 2015 reiste ich zum ersten Mal in das kleine Königreich Bhutan, das umschlossen von Indien und China im östlichen Himalaja liegt. Das Land ist flächenmässig so gross wie
die Schweiz, zählt jedoch nur 800 000 Einwohner. Seine Landschaft reicht von subtropischer Vegetation im Süden bis zum
kargen Hochgebirge im Norden.

Die zweiwöchige Reise hat mich von Paro nach Thimphu,
Punakha, Trongsa, Jakar, über das Tang Valley bis nach Ura
geführt. Die Rückfahrt erlaubte mir einen Abstecher nach
Phobjikha.

Wenn ich an die Reise durch das abgeschiedene Land zurückdenke, das in seiner Sprache «Druk Yul» heisst, was soviel wie
«Land des Donnerdrachens» bedeutet, sehe ich vor allem die
friedfertigen, gastfreundlichen Menschen vor mir, die mit na-
türlicher Würde und bescheidener Zurückhaltung den Besuchern aus aller Welt begegnen. Was mich am meisten beeindruckt hat, ist ihre tiefe Verbundenheit mit der Natur, dem
buddhistischen Glauben und ihrer Kultur.

Obwohl die Natur und die Kulturdenkmäler überwälti-
gend schön sind, schreibe ich in diesem Buch ebenso über die
Menschen, die interessanten Gespräche, die vielen komischen,
lustigen und ernsthaften Situationen, die sich durch das Zusammentreffen ihrer und meiner Kultur ergeben haben.

Die Tagebuchnotizen und Fotos, die während der Reise entstanden sind, bilden die Grundlage für diesen Bericht und geben Antwort auf die Frage: Wie reist eine Single-Touristin, wo

isst und schläft sie, was gibt es zu sehen und vor allem, wie fühlt es sich an, im Land des Donnerdrachens unterwegs zu sein?

Das Buch ist kein Reiseführer, es erfüllt seinen Zweck, wenn es neugierig macht auf ein Land, das es in seiner Einmaligkeit nirgendwo sonst auf der Welt gibt.

Bhutans Öffnung für den Tourismus hat in den 1980er Jahren begonnen. Seither nehmen die Besucherzahlen stetig zu. Zum Zeitpunkt meiner Reise lagen sie bei ungefähr 100 000 pro Jahr.

Das Reisen in Bhutan hat seinen Preis, es gibt keinen Billigtourismus. Lokale Guides sind obligatorisch und – wie ich es selbst erfahren habe – sehr gut ausgebildet.

Die Einnahmen aus dem Tourismus ermöglichen es der Regierung, der Bevölkerung die Schulbildung und medizinische Versorgung gratis zur Verfügung zu stellen. Die Zukunft wird zeigen, wie und in welche Richtung Bhutan sich weiterentwickelt.

Es gibt viele Reportagen und Dokumentarfilme über das kleine Königreich, über seine Sitten und Bräuche, Kulturschätze und Naturschönheiten. Besondere Beachtung verdient Bhutans Wandlung von der Erbmonarchie in einen demokratischen Staat, dessen politische Grundsätze wie Zukunftsmusik auf uns wirken. Bhutan möchte viele Fehler, die andere Länder begangen haben, nicht wiederholen, so steht das «Bruttonationalglück» (Gross National Happiness) vor dem Bruttosozialprodukt und soll ein Indikator für die Zufriedenheit der Bevölkerung sein.

Es gelten vier Grundpfeiler, die dem Land eine optimale Entwicklung ermöglichen sollen:

- Nachhaltige Entwicklung von Gesellschaft und Wirtschaft
- Bewahrung kultureller Werte und Religion
- Schutz der Umwelt
- Gute Regierungs- und Verwaltungsstrukturen

Als Vorbereitung für die Reise empfehle ich folgende Bücher: «Bhutan», von Françoise Pommaret, Edition Erde. Der Reiseführer enthält viele detaillierte Informationen und gehört ins Reisegepäck.

«Als Frau im Land der Götter» von Jamie Zeppa und «Das glücklichste Land der Welt» von Linda Leaming sind ebenfalls spannende Lektüren. Beide Autorinnen haben in Bhutan gelebt und schreiben anschaulich über diese ungewöhnliche Zeit in einem ungewöhnlichen Land.

Viele Informationen zu Bhutan und dem Bruttonationalglück findet man im Netz. Es gibt zahlreiche Dokus, Reportagen und Berichte.

Meine Gedanken zur Auswahl der Bilder für dieses Buch:

Die einmalig schönen Tempel Bhutans und viele Sehenswürdigkeiten sind schon unzählige Male fotografiert worden und per Mausklick abrufbar. Deshalb habe ich anderen Abbildungen und Ansichten den Vorzug gegeben. Dankbare Sujets sind Kinder beim Spielen, wie ich sie im Buch beschreibe. Nun ist es mir kürzlich passiert, dass ich auf einer Berghütte in der Schweiz eine Gruppe von Kindern fotografiert und damit einen Aufruhr ausgelöst habe. Der Betreuer bat mich zu unterschreiben, dass ich das Bild nicht in Social Media publizieren werde. Ich habe das Foto gelöscht – und mir meine Gedanken zu diesem Vorfall gemacht. Wenn unsere Kinder nicht fotografiert werden dürfen, soll für die Kinder in Bhutan (und auf der ganzen Welt) derselbe Persönlichkeitsschutz gelten. Daher enthält dieses Buch keine Kinderfotos.

Fotos nächste Seite:
Gebetsfahnen auf dem Yotong-La | Maskentänze in Ura

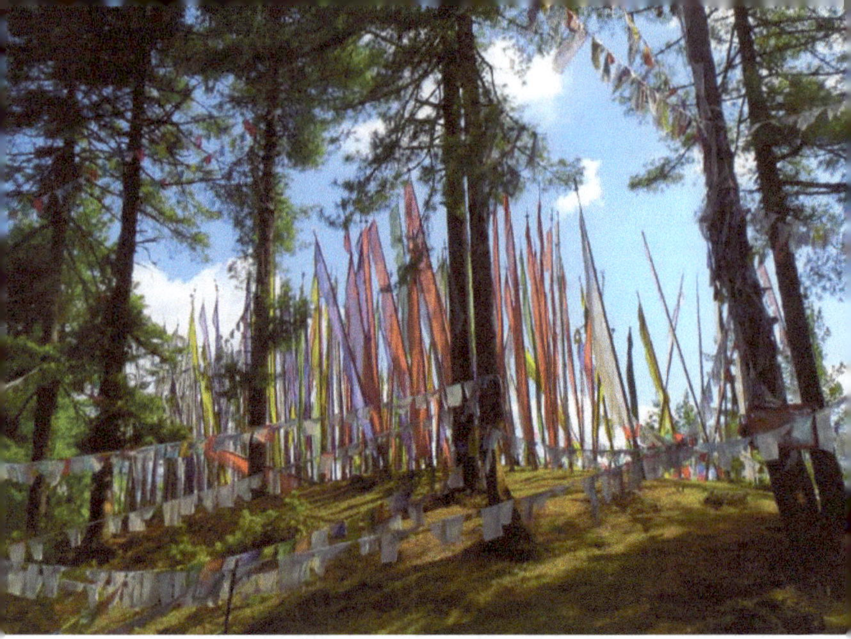

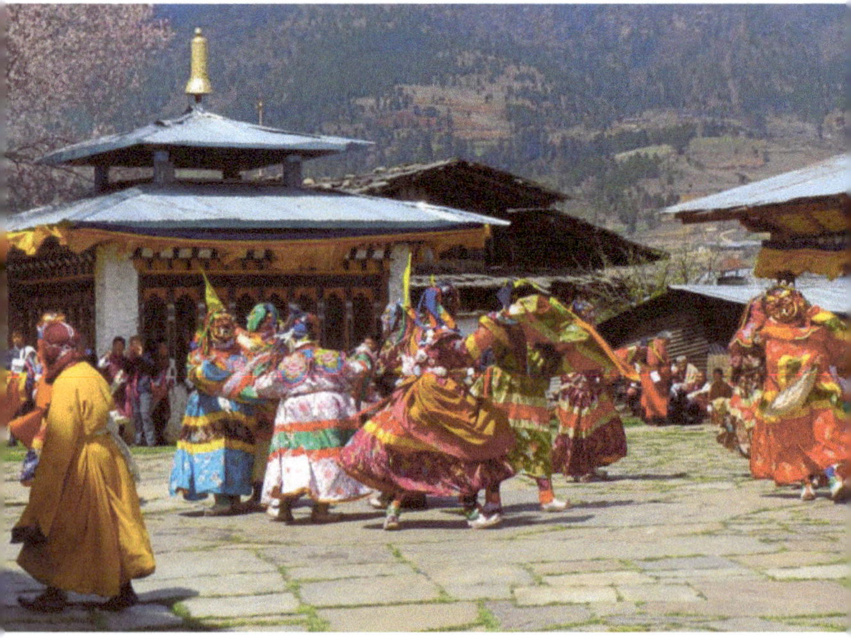

Ankunft in einer anderen Welt

Nach einer durchwachten Nacht am Flughafen in Delhi – ich bin kurz vor Mitternacht angekommen – warte ich auf den Weiterflug nach Paro, der um 6.35 Uhr starten soll. Wie ich erst am Gate erfahre, wird in Kathmandu ein Zwischenstopp eingelegt. Die Wetterbedingungen, so habe ich gelesen, erforderten manchmal Anpassungen des Flugplans. Der Anflug auf Paro soll weltweit einer der schwierigsten sein. Die Landepiste liegt in einem engen Tal, umgeben von Bergen. Bei klarem Wetter, das habe ich ebenfalls gelesen, soll es sich jedoch um den schönsten Flug der Welt handeln.

Noch bevor ich fragen kann, wird mir am Check-In ein Fensterplatz auf der linken Seite angeboten. So werde ich eine gute Sicht auf die zahlreichen weissen Gipfel des Himalajas geniessen können.

Beim Anflug auf Kathmandu sehe ich bunte Zelte auf Wiesen und Plätzen und zahlreiche Menschen in den Strassen. Mein erster Gedanke ist, dass es sich um ein Festival handelt. Meine Sitznachbarin sagt etwas von einem «Earthquake». Verstehe ich richtig? Sie nickt. Es soll hier gestern Mittag ein schweres Erdbeben gegeben haben. Gestern war der 25. April. Wenn ich die Zeitverschiebung von +3.45 Std. berücksichtige, war es in der Schweiz zu diesem Zeitpunkt 8.15 Uhr. Da sass ich zu Hause beim Frühstück. Mein Flug startete erst um 12.45 Uhr. Um die neuesten Nachrichten habe ich mich nicht gekümmert. Nun ist mir jedoch klar, warum es in Delhi diese Verwirrung um den Weiterflug gegeben hat. Einmal hiess es, er sei annulliert worden, etwas später konnten wir trotzdem einsteigen.

In Kathmandu kommen aufgeregte Touristen an Bord, die bruchstückhaft von ihren Erlebnissen erzählen. Nun erhalte ich eine Ahnung vom Ausmass der Katastrophe. Es ist eine italienische Gruppe, die seit gestern am Flughafen auf die Möglichkeit einer Evakuierung gewartet hat. Die Reiseleiterin ist damit beschäftigt, ihre Leute zu betreuen und die Fragen der neugierigen Transitpassagiere zu beantworten.

Erst einen Tag später werde ich durch die Nachrichten erfahren, dass das Beben eine Stärke von 7,8 aufgewiesen hat und dass kurz nach unserem Abflug die Erde mit einer Stärke von 6,7 ein zweites Mal erschüttert worden ist. Daraufhin musste der Flughafen geschlossen werden.

Aber noch sitze ich im Flugzeug und bin froh, dass wir endlich starten können. Die Bekanntschaft mit meiner Sitznachbarin Kamala ist zugleich meine erste Bekanntschaft mit einer Bhutanerin – und sie erfüllt das Klischee perfekt: freundlich, zurückhaltend und ausnehmend hübsch.

Bald durchdringen wir die wattige Wolkendecke und sind von blauem Himmel und Sonnenlicht umgeben. Am Horizont zeigt sich das herrliche Panorama der höchsten Berge der Welt. Auch unter uns dringen unzählige schneebedeckte Gipfel aus den weissen aufgebauschten Wolken. Unglaublich schön, ich kann mich kaum sattsehen.

Die Ansage des Flugkapitäns, der sich mit einem Namen vorstellt, der eindeutig schweizerischer Herkunft ist, und der in einem ebenso unverkennbar helvetisch gefärbten Englisch auf den Mt. Everest hinweist, verwirrt mich einen kurzen Moment. Wo befinde ich mich? Was macht ein Schweizer Pilot bei Drukair?

Kamala erzählt mir, dass sie in Dubai bei Mercedes arbeite und zweimal jährlich nach Hause fliege, um ihre Familie in Thimphu zu besuchen. Sie werde ein paar Tage da bleiben und falls etwas nicht klappe mit meiner Reise, dürfe ich sie anrufen, sie werde mir gern helfen. Wir tauschen die Telefonnummern und fotografieren uns gegenseitig. Sie war letztes Jahr in

Venedig und Amsterdam, vielleicht darf sie nächstes Jahr den Firmensitz in Deutschland besuchen.

Bald beginnt der Sinkflug. Unter der Wolkendecke zeigt sich eine hüglige Landschaft in gedeckten Farben von Ocker und Braunrot bis zu dunkelstem Grün. Wege winden sich die wenig besiedelten Hänge hinauf, führen auf Plateaus und über Bergrücken wieder hinunter in andere Täler. Der Anflug ist tatsächlich spektakulär. Plötzlich taucht die Landebahn zwischen den Bergen auf. Man möchte sich schmal machen und die Flügel einziehen.

Beim Aussteigen fällt mir auf, dass Kamala mit ihrem Schal die modisch zerrissene Jeans verhüllt, ihn wie einen Rock um die Hüfte schlingt. Sie weiss, wohin sie zurückkehrt – und ich freue mich darauf, ihre Welt für mich zu entdecken.

Paro ist eine kleine Stadt, die sich den Flussläufen entlang ausbreitet. Sie liegt im Westen von Bhutan, befindet sich auf einer Höhe von 2400 m ü. M. und zählt 15 000 Einwohner. Die Infrastruktur des Flughafens ist bescheiden, man spaziert zu Fuss ins Ankunftsgebäude hinüber. Das Gepäck steht schnell bereit. Vor der Passkontrolle bilden sich lange Schlangen. Das Tempo hier ist definitiv ein anderes, und es muss wohl so sein, dass sich die entspannte Atmosphäre auf die Ankommenden überträgt. Man lächelt und nimmt die Warterei gelassen hin. Noch vor der Passkontrolle entdecke ich rechts von mir die Geldwechselstelle, ein kleiner unscheinbarer Holztisch, den man leicht übersehen kann. Deshalb bin ich wohl eine der ersten, die aus der Warteschlange ausschert und auf die freundliche Frau zusteuert. Sie ist gerade dabei, die Notenbündel vor sich auszubreiten. Als ich ihr meine Schweizerfranken in Hunderternoten überreiche, hantiert sie mit Kursliste und Taschenrechner und zählt den entsprechenden Betrag in «Ngultrum» ab. Der Kurs der lokalen Währung entspricht dem der indischen Rupie. Ich unterschreibe das sorgfältig ausgefüllte Formular. Mit prall gefülltem Portemonnaie reihe ich mich wieder in die Warteschlange ein.

Im Gegensatz zu den indischen Immigrations-Beamten mit ihren abweisenden Gesichtern werden hier die Ankömmlinge von höflichen und liebenswürdigen Menschen begrüsst. Selbst ein paar Willkommensworte fehlen nicht. Die Freundlichkeit berührt mich wohltuend. Alles bringt mich zum Staunen. Die Schalterhalle gleicht einem netten Empfangszimmer. Ich sehe lauter warmherzige, sonnige Gesichter und fühle mich wie in einer Oase. Dieses Gefühl wird mich auf der ganzen Reise begleiten. Bhutan ist nicht von dieser Welt.

Pema, der junge Mann, der draussen auf mich wartet, wird mich auf dieser Reise begleiten und mir in den nächsten zwei Wochen sein Heimatland zeigen. Der Fahrer Mister Rinsin nimmt meine grosse gelbe Reisetasche in Empfang und befördert sie ins Heck seines silberfarbenen Hyundai Tucson. Ich darf vorne einsteigen und mich neben ihn setzen. Und schon geht es los in Richtung Thimphu, der Hauptstadt des kleinen Königreichs. Bhutan hat sich erst 2008 in eine demokratische konstitutionelle Monarchie verwandelt. Der König Jigme Khesar Namgyel Wangchuck, dem 2006 die Macht von seinem Vater übergeben wurde, ist ein gebildeter junger Mann und hat die Demokratisierung wesentlich vorangetrieben.

Die gut ausgebaute Strasse nach Thimphu führt durch eine grüne hügelige Landschaft. Die hübschen Häuser, die ich auf der weiteren Reise noch aus der Nähe bewundern kann, faszinieren mich durch die spezielle Bauart aus Stein und Holz und die kunstvollen Schnitzereien.

Pema erzählt mir, dass er aus dem Osten des Landes stammt. Er ist dreissig Jahre alt und lebt mit seiner Frau und dem ersten Kind, das vor ein paar Wochen geboren worden ist, bei seiner Schwester in der Nähe von Thimphu. Er kann den Stolz, Vater eines Sohnes zu sein, nicht verbergen. Die Wohnsituation bietet finanzielle Vorteile, zudem ist seine Frau nicht allein mit dem Kind. Pemas Reisebegleitungen dauern in der Regel eine bis zwei Wochen, Trekkings manchmal länger.

Nach einer Stunde erreichen wir das Stadtzentrum. Es ist Zeit fürs Mittagessen. Dass Mahlzeiten wichtig sind und wir sie nie und nirgends auslassen, werde ich noch erfahren.

Eine schmale Treppe führt hinauf in den zweiten Stock. Das Restaurant bietet eine schöne Aussicht über die Stadt mit den wolkenverhangenen Hügeln im Hintergrund. Speiserestaurants dienen den Bedürfnissen des Tourismus. Einheimische kehren hier nicht ein. Ich bin der einzige Gast. Das wird noch oft so sein, denn die Hauptreisezeit ist im Herbst. Pema leistet mir Gesellschaft. Wir sitzen auf dunkelblau gepolsterten Bänken am Fenster. Auf dem Tisch liegt eine Glasplatte, die vor Sauberkeit glänzt. Das Besteck ist in rote Servietten gewickelt. Salz- und Pfefferstreuer stehen neben einer kleinen weissen Porzellanvase mit einer roten Rose aus Plastik. Eben ist das Buffet fertig aufgebaut worden. Pema erklärt mir die Speisen. Es gibt verschiedene Sorten Gemüse, Reis und Fleisch. Die wichtigste Beilage zu einer Mahlzeit ist «Ema Datshi». Es besteht aus frischen Chilischoten mit geschmolzenem Frischkäse, manchmal werden Zwiebeln, Pilze oder Gemüsereste daruntergemischt. Es wird sich in den nächsten Tagen zu meiner heiss geliebten Beilage zum Reis entwickeln. Bei dieser scharfen Speise empfiehlt es sich, mit kleinen Bissen anzufangen. Die Schärfe soll sich langsam ausbreiten. Nur so kann man Ema Datshi geniessen.

Pema werkelt mit Löffel und Gabel in seinem Teller herum, was mir nicht speziell auffallen würde, wenn er sich nicht ständig für seine Ungeschicklichkeit entschuldigen würde.

In Bhutan isst man von Hand, und man isst viel. Vor allem Reis, am liebsten den braunen, der hier angebaut wird und teurer ist als der aus Indien importierte weisse. Dass von Hand gegessen – wenn man es sich gewöhnt ist – alles besser schmeckt, weiss ich von meinen indischen Bekannten.

Zum Abschluss trinken wir heissen Tee mit Zucker und Milch. Als wir wieder die Treppe hinuntersteigen, sehe ich, dass in der unteren Etage Mister Rinsin und ein paar Männer um einen Tisch herum sitzen. Offensichtlich haben sie zusammen gegessen.

Als ich später mit Pema über die unterschiedlichen Gepflogenheiten beim Essen rede, realisiere ich, dass er sich in einem Dilemma befindet. Normalerweise isst er nicht mit seinen Gästen, doch er hat «meinen Fall» vorgängig mit seiner Chefin besprochen. Sie ist der Meinung, man dürfe eine Frau nicht allein essen lassen. Was sollte er also tun? Entweder müsste er lernen mit Messer und Gabel umzugehen, was schwieriger ist, als wir uns gemeinhin vorstellen, oder er würde sich bei jeder gemeinsamen Mahlzeit unwohl fühlen. Eine weitere Möglichkeit ist, das schlage ich ihm nun vor, dass ich in Zukunft allein esse und er sich mit Mister Rinsin, wie es hier üblich ist, in der Küche oder im Kreis seiner Kollegen verpflegt. Doch erst als ich ihm erkläre, dass es mein freier Entscheid gewesen sei, diese Reise allein zu unternehmen und es demzufolge die logische Konsequenz sei, allein zu essen, wirkt er erleichtert.

Im weiteren Verlauf der Reise sorgt er dafür, dass mir immer ein reichhaltiges Essen mit einer guten Portion Ema Datshi serviert wird. Wenn alles auf dem Tisch steht, verschwindet er, und wenn ich fertig gegessen habe, taucht er wieder auf. Manchmal setzt er sich noch eine Weile zu mir, und wir trinken Tee zusammen. So fühlen wir uns bis zum Ende unserer gemeinsamen Zeit beide wohl.

Das «River View» Hotel befindet sich etwas erhöht am östlichen Rand der Stadt. Eine freundliche Fassade in einem warmen Rot, mit filigranen weissen Geländern an den Balkonen. Als ich in der Hotellobby auf den Schlüssel warte, spüre ich, wie das Sofa wackelt. Pema zeigt auf die Deckenleuchten, die ebenfalls schaukeln. Er hat die Formalitäten für mich erledigt und gibt mir den Pass zurück. Mit dieser Fürsorge habe ich nicht gerechnet. Doch nun kennt er mein Alter und erzählt mir, dass seine Grossmutter, so alt wie ich, letztes Jahr gestorben sei.

Schon bald sitze ich in einem grossen Doppelzimmer im gepolsterten Sessel am Fenster und trinke Schwarztee mit Milch
und Zucker. Ich esse kleines frittiertes Gebäck und blicke auf
die harmonisch gefügte Stadt mit Häusern im traditionellen
Baustil aus Holz und Mauerwerk. Im Sportstadion, das in der
Mitte der Stadt liegt und das ich vom Fenster aus sehen kann,
findet ein Wettkampf statt. Ab und zu ertönt eine Lautsprecher-
stimme, zwischendurch moderne Musik. Am Flussufer üben
ein paar Männer Armbrustschiessen, genau so, wie ich es in einem Dokumentarfilm gesehen habe. Auf den Strassen und zwischen den Häusern streunen Hunde. Auch darüber habe ich
vor meiner Abreise gelesen. Hundemeuten sind ein Problem,
das nicht länger ignoriert werden kann. Mittlerweile gibt es einen Tierarzt, der nichts anderes tut, als Hunde zu kastrieren.

Wie ich auf Bhutan aufmerksam geworden bin, weiss ich
nicht mehr ganz genau. Eine Freundin erzählte mir von ihrer
Reise. Dann empfahl mir eine Touristikexpertin, dieses Land
unbedingt zu besuchen. Artikel in der Presse weckten zudem
meine Neugier. Ich las über den König, der mit würdiger Ernsthaftigkeit das verheissungsvolle Bruttonationalglück pries. Ich
suchte nach Dokumentar- und YouTube-Filmen, von denen es
einige gibt. Sicher haben sie meinen Entschluss nach Bhutan
zu reisen bekräftigt. Zwei Bücher von Frauen, die lange in diesem Land gelebt haben, trugen ebenfalls dazu bei (Titel siehe
Seite 11).

Nun schaue ich aus dem Fenster meines Zimmers auf die Stadt
hinunter und wundere mich, wie schnell man von einem Ort
zum anderen gelangen kann, wie schnell ein Wunsch, eine Vor-
stellung Form annehmen und Realität werden kann.

Um richtig anzukommen, muss ich meinen Adlerhorst
verlassen und in der neuen Umgebung herumspazieren, den
Boden unter den Füssen spüren, mich selbst in dieser neuen
Wirklichkeit wahrnehmen. So gehe ich nach draussen. Die
Temperatur ist angenehm mild. Die Luftfeuchtigkeit verstärkt
den Geruch von Erde und Rauch. Die Hunde bestimmen

meine Routenwahl. Vom Fenster aus hatte ich beobachtet, wie sie kläffend einen einheimischen Mann umzingelten. Typisches Rudelverhalten, einer beginnt, die andern folgen ihm. Ich will nichts provozieren und umgehe sie weiträumig. Das schränkt meinen Radius natürlich ein. Zudem handle ich entgegen Pemas Ratschlag. Er hat mir empfohlen, das Hotel nicht zu verlassen. Bhutan sei ein sicheres Land, es gebe praktisch keine Kriminalität, aber seit manche Männer angefangen hätten Alkohol zu trinken … Damit meinte er sicher, dass man als Frau nachts nicht allein herumlaufen sollte, was ich sowieso nicht tun würde, schon wegen der Hunde.

Aber nun ist es noch hell. Ich spaziere auf gleichbleibender Höhe der Fahrstrasse entlang, bleibe ab und zu stehen und schaue auf die Häuser hinunter, die Wege dazwischen, die Höfe und Hinterhöfe. Überall entdecke ich Hunde. Bei der kleinen Papierfabrik, die sich mit einem säuerlichen Geruch anmeldet, kehre ich um.

Nach dieser eher kurzen Runde gehe ich zurück ins Hotelzimmer, setze mich wieder ans Fenster und spüre, wie das Gebäude erneut wackelt. Ich schalte den Fernseher ein. Bestimmt gibt es Informationen. Die Bilder der Katastrophe, die sich in Nepal ereignet hat, erschrecken mich. Nicht viel später rumpelt es erneut unter mir. Es wird auch am nächsten Tag noch mehrere kleine Nachbeben geben, bevor die Erde Ruhe gibt.

Im Speisesaal stelle ich fest, dass ich die einzige Single-Reisende bin. Dass ich in die hinterste Ecke platziert werde, stört mich nicht gross. So habe ich einen guten Überblick. Das Buffet bietet eine internationale Vielfalt an Speisen. Nur Ema Datshi fehlt. Als ich danach frage, wird mir eine kleine Schale gebracht. Auch das werde ich noch erfahren: Ema Datshi ist kein Gericht für Touristen, es ist zu scharf und sicher auch zu wertvoll, um halb gegessen, stehengelassen zu werden.

Fotos nächste Seite:
Blick auf Thimphu | Verkehrsregelung

20

21

Sehenswürdigkeiten in Thimphu

Nach dem reichhaltigen Frühstücksbuffet mit westlichen, indischen und bhutanischen Zutaten, mit Tee, Kaffee und heisser Milch, mit Suppe, Reis, Eiern, Früchten, Toast und Fladenbrot machen wir uns auf, Thimphu zu besichtigen.

Wir beginnen beim belebten «Memorial Chorten». Der in Bhutan verwendete Begriff «Chorten» für diese buddhistischen Bauwerke stammt aus dem Tibetischen und ist gleichbedeutend mit «Stupa». Der Memorial Chorten wurde zum Gedenken des 1972 verstorbenen dritten Königs Jigme Dorji Wangchuk gebaut.

Pema führt mich über das parkähnliche Gelände zu einer flachen rechteckigen Halle, die links neben dem Chorten steht. Er mischt sich unter die Gläubigen, die das Gebäude im Uhrzeigersinn umrunden und dabei die riesigen goldfarbenen Gebetsmühlen anstossen. Die Zylinder sind gut und gern zwei Meter hoch. Ob sie mit echtem Gold oder poliertem Messing überzogen sind, weiss ich nicht. Heute ist ein Feiertag, deshalb die vielen Menschen. Mütter mit Kleinkindern am Rücken, alte und junge Männer, Frauen mit Einkauftaschen über den Schultern, einzelne asiatische Touristen, die man wegen der westlichen Kleidung gut von den Einheimischen unterscheiden kann, sie alle bewegen sich betend.

Hinter dem Chorten auf einer überdachten und reich verzierten Bühne predigt ein Lama (buddhistischer spiritueller Lehrer) ins Mikrofon. Neben ihm steht ein Mann in Tracht, mit Zeremonienschal und weissen Filzstiefeln. Ein Würdenträger, der geehrt wird? Traditionell gekleidete Frauen und Männer sitzen am Boden auf dem Platz davor und lauschen dem Lama. Links der Bühne stehen Gefässe, aus denen wohlduftender Rauch aufsteigt, der als leichter Schleier über den Zuhörenden schwebt. Ich stehe etwas im Hintergrund, direkt neben dem Chorten, der in Bhutan einen viereckigen Grundriss hat, und beobachte die Feier.

Alles um mich herum wirkt gestaltet, die geschnitzten und bemalten Verzierungen am und rund um den Chorten, die Ornamente und Figuren leuchten in kräftigen Farben. Baldachine, gefältelte Stoffbänder und Fahnen flattern. Darüber ein blauer Himmel und klare Luft.

Weiter fahren wir zum goldenen «Buddha Dordenma». Edel und erhaben thront er auf einer Bergrippe über der Stadt. In regelmässigen Schlaufen führt uns die neue Strasse hinauf. An den Rändern zeigt sich die noch unbewachsene rotbraune Erde. Zwischen den verstreuten Bäumen flattern unzählige Gebetsfahnen. Bereits türmen sich Wolken am Himmel. Ob das Regen bedeutet?

Der riesige Platz rund um den 50 Meter hohen Buddha, der auf einem zweistöckigen tempelartigen Gebäude thront, bietet eine schöne Sicht in die Flusstäler. Auch Thimphu lässt sich von hier aus gut überblicken. Die den Tempel umgebende Anlage ist noch nicht fertiggestellt. Es sieht aus, als würde zusätzlich etwas Unterirdisches in den gerodeten Hang hinein gebaut. Eisenstäbe ragen aus den Betonfundamenten. Überall liegen Bretter herum. Den Tempel hingegen soll man bald einmal besuchen können.

Unser nächstes Ziel ist das Institut der Handwerkskünste «Zorig Chusum Lobdrak», das sich auf Stadtgebiet befindet. Hier erlernen die Schülerinnen und Schüler die dreizehn traditionellen Handwerkskünste Bhutans. Die Schule besteht aus mehreren einfachen Gebäuden.

Wir beginnen den Rundgang bei den Weberinnen. Auf einfachen Handwebrahmen entstehen jene karierten Stoffe, aus denen die Trachten gefertigt sind. Der etwa anderthalb Meter hohe Holzrahmen ist senkrecht an einem Bodenbrett befestigt, darauf sitzen die Frauen mit gestreckten Beinen. Das lose Teil, ein Holzstab mit den Kettfäden, binden sie sich mit einem Stoffband um die Hüften und spannen die Fäden durch ihr Körpergewicht, indem sie mit den Füssen gegen den Rahmen drücken.

Im Raum nebenan wird auf einfachen schwarzen Tretmaschinen, wie ich sie von meiner Grossmutter her kenne, genäht. Auch ein Ölkännchen fehlt nicht.

Im gegenüberliegenden Gebäude besichtigen wir die Thangka-Malerei. Die an den Wänden aufgespannten Bilder sind bis zu vier Quadratmeter gross. Mit allerfeinsten Pinseln werden religiöse Motive und Szenen auf die Stoffe gemalt. An winzigen Details, die für mein ungeübtes Auge nicht einmal erkennbar sind, wird stundenlang gearbeitet. An einer Wand entdecke ich Bleistiftskizzen und Entwürfe von klassischen Handstellungen und Körperhaltungen Buddhas. Ein paar Schüler skizzieren in ihre Hefte, andere stehen mit den Nasen zentimeternah an grossen unfertigen Malereien und tüpfeln kleinste Einzelheiten. Ich bin fasziniert.

In den Unterrichtsräumen ist es still. Eine meditative Stimmung. Die Lehrer sitzen an ihren Pulten oder widmen sich den Schülerinnen und Schülern. Bei der Thangka-Malerei entdecke ich zwei Mädchen. Bei den Handstickereien, wo wir später vorbeischauen, sind die Buben in der Mehrzahl. Abertausende winziger Stiche sind nötig, um die prächtigen Bilder entstehen zu lassen. Mehrere Monate, sagt mir ein Junge, dauere es, bis sein Bild, ungefähr so gross wie ein Küchentuch, fertig sei.

In einem anderen Raum wird gezeichnet, im Heft eines Schülers entdecke ich eine sich windende Schlange, die mittels verschieden grosser Punkte dargestellt ist.

Der Geruch nach feuchter Tonerde verrät die Töpferwerkstatt. Auch hier wird hochkonzentriert und hingebungsvoll gearbeitet. Unter den geschickten Händen der Lernenden entstehen zahlreiche Buddhas und Götterfiguren.

Zum Abschluss besuche ich den Verkaufsladen des Instituts. Es ist interessant und beeindruckend, all die kunstvollen Gegenstände, Stoffe und Bilder hier versammelt zu finden. Ich bin allein im Laden, so kann ich mich in aller Ruhe umschauen. Zwischen Stoffrollen entdecke ich ein Löwenpaar, das in seiner schrillen Erscheinung komplett aus dem Rahmen fällt. Die Löwen sind etwa 50 cm hoch und aus Ton modelliert. Die Leiber sind mit weissem plüschigem Flies beklebt. Die weit aufgerissenen Rachen mit den spitzen Zähnen zeigen ein rosarotes Innenleben, ebenso die Ohren. Die türkisblauen Nasen korrespondieren mit der Farbe der Mähnen, die aus dicht geknüpften glänzenden Wollfäden (Polyester?) bestehen. Der eine Löwe trägt seine Mähne etwas kürzer, dem anderen reicht sie bis auf die Vorderpfoten. Buschige türkisfarbene Wollfäden-Fontänen bilden die Ruten. Die zwei Löwen präsentieren sich als absolute Exoten in diesem ernsthaften und traditionellen Milieu. Wie sie wohl entstanden sind?

Vor dem Mittagessen reicht die Zeit noch, um durch den Markt von Thimphu zu spazieren. Mich interessieren vor allem die Lebensmittel. Hier sehe und rieche ich den getrockneten Fisch, den ich schon bald probieren werde.

Nichts am Haus zeigt mir, dass sich darin ein Restaurant befindet. Wir steigen über schmale Treppen in den dritten Stock hinauf. Ein grosszügiger Raum. Noch bin ich der einzige Gast. Mein Platz befindet sich ganz hinten an einem kleinen in der Ecke stehenden Tisch. Bald trifft die erste Gruppe ein. Es sind indische Gäste, die das Buffet umschwärmen. Gut habe ich mich bereits bedient. Das Lokal wird sich bald ganz füllen.

Pema hat meinen Wunsch, dass ich gern lokale Spezialitäten probieren möchte, ernst genommen und bringt mir eine kleine Schale mit getrocknetem Fisch und eine mit Kutteln. Tapfer esse ich die beiden Gerichte. Ema Datshi hilft mir dabei.

In der Nähe des Restaurants befindet sich die einzige Kreuzung Bhutans mit Verkehrsregelung. Sie ist, da bin ich mir sicher, weltweit einmalig und wird in Reiseberichten entsprechend oft erwähnt. Mitten auf der Kreuzung steht eine sechseckige, überdachte und kunstvoll bemalte Kanzel. Sie wirkt wie ein kleiner Tempel. Darin steht eine Polizistin in flotter Uniform, mit schwarzer Jacke und einem Wappen am Ärmel, einem weissen Gurt, einer Schirmmütze und weissen Handschuhen. Mit schwungvollen, eleganten Handbewegungen regelt sie den spärlichen Verkehr.

Als ich länger hinschaue, bin ich nicht mehr sicher, ob es sich tatsächlich um eine Frau handelt. Es könnte ebenso gut ein Mann sein. Hier haben viele Menschen einen zierlichen Körperbau und sind nicht sehr gross.

Die fliessenden Bewegungen der Arme und Hände lassen mich nicht los. Nach einer Weile entdecke ich das Geheimnis. Die Finger der Handschuhe sind künstlich verlängert, daher rührt der Eindruck dieser speziellen Eleganz.

Beim Besuch des «Changangkha-Kloster», wo sich die Eltern den Namen für ihr Neugeborenes geben lassen, beobachte ich die Segnung eines Säuglings, die ein buddhistischer Würdenträger im typischen dunkelroten Mönchsgewand vornimmt. Ein schönes Bild, das mich an die christliche Taufe erinnert. Um einen Name kümmern sich hier die Eltern erst nach der Geburt. Es gibt weibliche und männliche Vornamen und solche, die sich für beide Geschlechter eignen. Wie in anderen Himalaja-Regionen werden Wochentage als Namen verwendet: Nyima, Dawa, Mingma, Lhakpa, Phurba, Pasang und Pemba. Horoskope spielen eine wichtige Rolle, so wird dem Geburtstermin entsprechend grosse Bedeutung zugemessen.

Als ich Pema frage, wie es mit seinem Namen sei, sagt er, dass er Lotosblume bedeute und recht häufig vorkomme, sowohl für Frauen wie für Männer. Er gehe auf «Pema Lingpa» zurück, einen der bedeutendsten Meister der «Nyingma»-Schule, die eine der vier wichtigen Glaubensrichtungen des im Himalaja verbreiteten «Mahayana Buddhismus» ist.

Den Namen «Guru Padmasambhava» höre ich heute zum ersten Mal. Er wird mich auf dieser Reise begleiten, so dass ich ihn am Schluss ohne zu stolpern werde aussprechen können. Guru Padmasambhava, der auch «Guru Rinpoche» genannt wird, hat im 8. Jahrhundert den Buddhismus von Tibet nach Bhutan gebracht. Er ist die wichtigste Gottheit, «der» Buddha, und auf Schritt und Tritt gegenwärtig.

Worüber ich gelesen habe, was mich jedoch nicht sonderlich interessiert, ist das Nationaltier «Takin». Das Gehege befindet sich etwas ausserhalb der Stadt. Da wir genug Zeit haben, fahren wir hin. Der grosse Parkplatz zeigt, dass das «Motithang Takin Preserve» ein beliebtes Touristenziel ist. Wahrscheinlich sind wir antizyklisch unterwegs, so bin ich auch hier fast die einzige Besucherin.

Mister Rinsin bleibt beim Auto. Er ist ein ruhiger, fast scheuer Mann, etwas älter als Pema, mit einer kräftigen Konstitution und gefurchten Gesichtszügen. An seinem Hinterkopf gibt es zwei haarlose Stellen mit Narben. Er ist ein umsichtiger Fahrer.

Da Pema von ihm als «Mister Rinsin» spricht, nenne ich ihn ebenfalls so. Wie gut sein Englisch ist, kann ich nicht sagen. Ich vermute, dass er versteht, was wir reden.

Wir brauchen nicht weit zu gehen, um das kuriose Tier – eine Mischung aus Gnu und Minotaurus – hinter dem hohen Zaun zu entdecken. Takin wird mit Rinderziege, Rindergemse oder Gnuziege übersetzt. Das Tier lebt in den östlichen Regionen des Himalajas.

Pema freut sich, dass er auf zwei bekannte Guides trifft. «High Five» scheint Mode zu sein, jedenfalls unter diesen jungen Männern. Ich höre ihnen beim Reden zu. Der Klang der Sprache ist mir noch nicht vertraut. Bhutans Amtssprache ist «Dzongkha» und wird in tibetischer Schrift geschrieben. Zusätzlich gibt es viele Sprachen und Dialekte.

Nach einer Weile nehme ich an, dass mich Pema vor lauter Kollegen vergessen hat. Vielleicht erwartet er, dass ich mich selber etwas umschaue. So beginne ich den Rundgang ums Gehege. Ein schmaler Plattenweg führt den Hang hinauf. Da ein Takin, dort eines. Oben am Berg, wo das Gehege quer den Hang entlang weiterführt, höre ich vertrautes Bimmeln. Ich befinde mich auf einer bewaldeten Weide. Zwischen Gebüsch und Bäumen entdecke ich ein paar Kühe, die Glocken tragen; etwas kleinere, als bei uns in den Alpen.

Ich hoffe, dass mich der Weg rund um das recht grosse Gehege an den Ausgangspunkt zurückleiten wird, so kann ich getrost weitergehen. Nach einer Weile führt der Weg wie erwartet wieder abwärts. Von oben entdecke ich Mister Rinsin neben dem Auto. Die Guides sind nicht in meinem Blickfeld. Als ich stehenbleibe und mich umschaue, einfach um zu sehen, woher ich gekommen bin, entdecke ich ziemlich weit oben Pema, der mich bald schnaufend und schwitzend einholt. Ist er verärgert?

Er sagt, er habe mich gesucht. Es hätte mir etwas passieren können. Das klingt nach Vorwurf. Er sei während der Dauer meines Aufenthalts für mich verantwortlich.

Wir werden uns bestimmt noch aneinander gewöhnen, so hoffe ich zuversichtlich.

Unterwegs zum Nonnenkloster schalten wir einen Halt ein. Die Stelle bietet einen guten Blick auf den «Dzong von Thimphu», der je zur Hälfte Kloster und Regierung beherbergt. Pema zeigt mir, wo sich der Palast der Königsfamilie befindet. Es dauert lange, bis ich sehe, welches Gebäude er meint. Es ist viel kleiner als erwartet. Also stimmt es, dass das allseits beliebte und verehrte Königspaar bescheiden lebt. Alles was ich über Bhutan gelesen habe, scheint sich nach und nach zu bestätigen. Eine heile Ursprünglichkeit begegnet mir auf Schritt und Tritt.

Hier an diesem schönen Aussichtspunkt darf ich meine zwei Begleiter fotografieren. Pema trägt einen rot-blau-grün karierten Gho mit den typischen weissen Ärmelaufschlägen, darunter ein graues Hemd, von dem nur Manschetten und Kragen hervorschauen. Mister Rinsins Gho ist orange-gelb kariert mit ebenfalls blitzblanken Ärmelstulpen. Darunter trägt er ein T-Shirt.

Der Gho ist die traditionelle Tracht der Männer und wird in der Öffentlichkeit möglichst immer getragen. Die spezielle Kleidung wird als Bestandteil der kulturellen Identität betrachtet. Er besteht aus einem knielangen Mantel, ähnlich einem Bademantel oder Kimono, fast immer in Karomuster, wird vorne übereinandergeschlagen und in der Taille mit einem Stoffgürtel gebunden. Für einen besseren Tragkomfort wird im Rücken eine Quetschfalte gelegt. Dazu trägt der Mann schwarze Kniestrümpfe und Halbschuhe. Vorne, wo die Tracht übereinandergeschlagen wird, bildet sich über dem Gürtel eine Einschubtasche, die für allerhand Brauchbares Platz bietet: Esswaren, Trinkbecher, Geld, Papier, Telefon … Wie ich auf der weiteren Reise noch feststellen werde, befindet sich dort alles, was zu einem kleinen Reisebüro gehört.

Gestern trugen Pema und Mister Rinsin den genau gleichen Gho, was mich zur Annahme verleitete, dass dies eine Firmentracht sein müsse. Ich wollte meine Vermutung bestätigt haben, worauf sie verlegen lachten. Nein, das sei Zufall. Als ich die Stoffe genauer anschaute, sah ich, dass wohl die Farben identisch waren, nicht aber die Karomuster. Diesen kleinen Unterschied werde ich nicht mehr übersehen.

Im kleinen und einfachen Nonnenkloster leben alterslose Frauen mit geschorenen Köpfen. Sie sitzen im Vorraum des Tempels am Boden, schlagen Trommeln und spielen Tempelflöten. Der ungewohnte Klang entspannt mich. Katzen streifen umher. Das Innere des Tempels ist üppig und bunt dekoriert. Im Vergleich zu den prächtigen Bauten, die ich heute gesehen habe, wirkt das Kloster ärmlich und ein bisschen verwahrlost.

Alte, alleinstehende oder verwitwete Frauen verbringen ihren letzten Lebensabschnitt oft als Nonnen im Kloster. Es ist wie in andern Patriarchaten für Frauen nicht möglich, allein zu leben. Das Kloster ist eine Alternative zum traditionellen Familienleben. Frauen können sich auf diese Weise der strengen hierarchischen Ordnung entziehen.

Unser Tagesprogramm endet dort, wo ich gestern auf meinem Spaziergang umgekehrt bin. Die kleine Papiermanufaktur verbreitet einen säuerlichen Geruch, der schwer zu ertragen ist, doch es tut sich eine faszinierende Welt auf. Ich schaue zu, wie die Frauen Papier schöpfen, und die dickflüssige Masse – je nach Produkt, das entstehen soll – mit allerlei Blüten und Blättern versetzen.

Die handgeschöpften Papierbogen in unterschiedlichen Maserungen, Oberflächenstrukturen und Farben werden im Shop angeboten. Ich kaufe eine Art Musterheft, das alle Papiersorten enthält.

Auf dem Heimweg möchte Pema mein Musterheft anschauen, weil er, wie er sagt, mir etwas zeigen wolle. Schnell findet er das Gesuchte. Es sind ins Papier gepresste Hanfblättchen. Hanf wächst hier wild. Konsum und Rauchen sind jedoch verboten. Die Verwendung bei der Papierherstellung ist, wie es scheint, nicht geregelt.

Als wir zurück im Hotel sind, ist es bereits 17 Uhr. Wir setzen uns in die bequemen Sofas und trinken Tee zusammen. Ein schwaches Erdbeben erschüttert die Lobby. Kaum wahrgenommen, ist es auch schon vorbei.

Fotos nächste Seite:
Studenten beim Thangka-Malen | Schrilles Löwenpaar

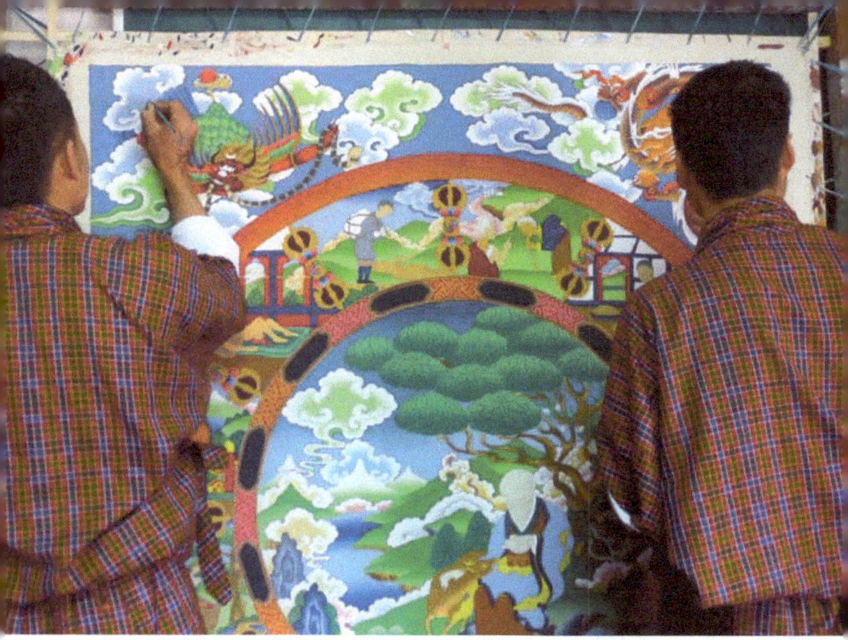

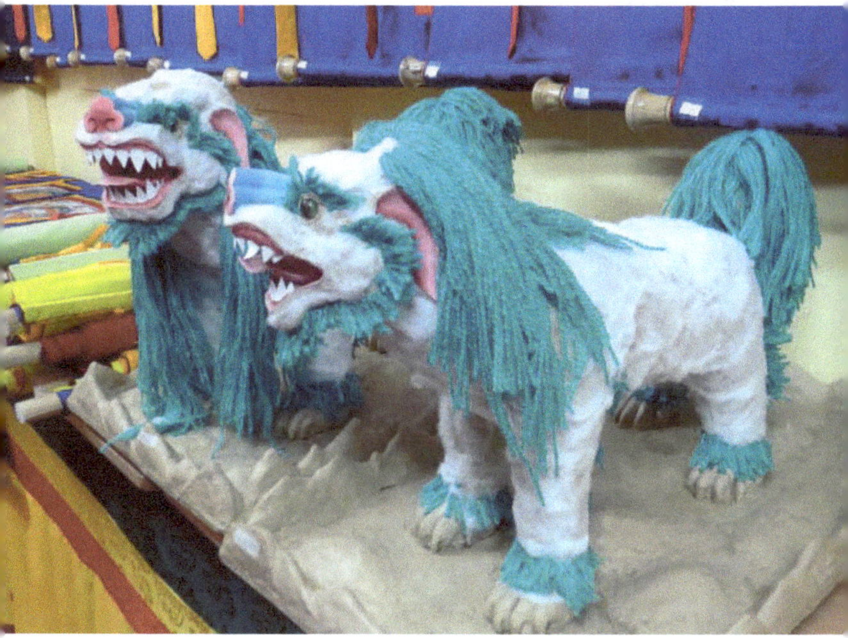

Über den Dochu-La nach Punakha

Die Fahrt nach Punakha führt über den 3000 Meter hohen «Dochu-La» (La = Pass). Auf dem höchsten Punkt, den wir nach einer Stunde erreichen, spaziere ich im dichten Nebel um die 108 Chorten herum, die auf dem Hügel angelegt sind. Es ist feucht, die Temperatur frisch, so dass ich froh bin um die wattierte Jacke. Pema entschuldigt sich für das Wetter. Von hier aus wären die weissen Spitzen des Himalajas sichtbar. Nun habe ich halt Pech. Die Geschichte, dass die 108 Chorten, die erst um 2004 erbaut worden sind, von einem Heiligen in einer einzigen Nacht erstellt worden seien, gefällt mir.

Im nahen Wald scheint etwas los zu sein. Rauch steigt auf, Musik erklingt. Die Neugier lockt mich. Der Weg führt auf eine leichte Anhöhe hinauf. Verschiedene Gruppen von Leuten bereiten eine Festlichkeit vor. Zelte sind aufgestellt, grosse Feuer brennen, es wird gebetet und gesungen, andere kochen, stellen Getränke bereit, Stimmengewirr und Musik. Nebel, Rauchschwaden und die vielen Gebetsfahnen, die an Stangen in den Himmel ragen, erzeugen eine mystische Stimmung. Völlig unbeachtet spaziere ich durch die so fremdartige Szenerie.

Pema sagt mir nachher, dass heute ein nationaler Feiertag sei und es deshalb so viele Menschen hier habe. Gestern Feiertag, heute Feiertag … das hört sich ja gut an.

Auf der andern Seite des grossen Parkplatzes, am Beginn der breiten Treppe, die zum Tempel hinauf führt, steht eine gemauerte, mannshohe und von Russ geschwärzte Butterlampe. Es wird ebenfalls anlässlich des Feiertags sein, dass der Tempel von so vielen Einheimischen besucht wird. Ob es an der

Tages- oder Jahreszeit liegt, dass praktisch keine Touristen unterwegs sind? Im Herbst soll die Fernsicht am besten sein.

Nun führt die Strasse leicht talwärts. Sie wird uns von 3000 auf 1300 m ü. M. hinunterführen. Unterwegs schalten wir eine Teepause ein. Das neue Hotel-Restaurant mit Zufahrt steht auf einer Anhöhe und bietet eine schöne Rundsicht über die bewaldeten Hügel und Täler. Wir sehen den weiteren Verlauf unserer Strasse, die sich den Hängen entlang windet. Ein Lastwagen mit glänzenden, bunten Verzierungen, wie man sie in asiatischen Ländern oft sieht, brummt vorbei. Die Ränder der planierten Naturstrasse sind mit Mauern oder Steinbrocken befestigt. Die Fahrbahn ist relativ breit, ohne grosse Löcher, so dass sich zwei Lastwagen kreuzen können.

Langsam gewöhne ich mich daran, dass ich fast überall einziger Gast bin, und es gefällt mir. Pema bestellt mir Porridge mit Frischkäsewürfeln. Als ich die schmackhafte Suppe löffle, betritt eine aussergewöhnlich schöne Frau mit langen schwarzen Haaren das Restaurant. Die High Heels fallen auf. Sie ist in Begleitung eines Mannes, der westliche Kleidung trägt. Ich staune und beobachte eine gewisse Aufregung beim Personal, ebenso bei Mister Rinsin und Pema. Dann erfahre ich, dass die schöne Frau Bhutans berühmteste Filmschauspielerin ist. Die Männer empfinden es als riesiges Glück, ihr zu begegnen und führen es auf das Karma zurück. Nichts ist zufällig oder belanglos, das werde ich noch oft erklärt bekommen auf dieser Reise. Alles steht in einem grösseren Zusammenhang.

Die Strasse führt den Hängen entlang ohne grosse landschaftliche Veränderungen, doch am Wegrand entdecke ich interessante Kleinigkeiten, eine wasserbetriebene Gebetsmühle, unzählige Gebetsfahnen an Schnüren, unter Felsvorsprüngen stehen Ansammlungen von weissen kegelförmigen Figürchen, die nicht höher als etwa 3 cm sind. Sie werden aus Knochenmehl und Butter geknetet. Wenn ich richtig verstehe, sind es zerriebene Knochen – oder vielleicht ist es eher die Asche – der

Verstorbenen, die hier ihre Ruhe finden. Dafür werden schöne, geschützte Stellen ausgewählt, das fällt mir auf.

Zur Mittagszeit erreichen wir ein kleines Restaurant, das ich erst als solches erkenne, als ich die Treppe hoch und an der Küche vorbei gehe. Ich bin, wie könnte es anders sein, der einzige Gast. Nun sitze ich also in diesem hübschen Restaurant, dunkelblaue Servietten, blauweiss karierte Tischwäsche, grün gestrichene Wände zwischen den braunen Sichtbalken. Auf dem Buffet stehen glänzende Töpfe bereit, darüber hängt ein grosses Bild, das meinen Blick für eine ganze Weile nicht mehr loslässt.

Ich habe über dieses Symbol für Fruchtbarkeit und Wohlstand gelesen und bin nun doch überrascht und verblüfft, wie naturalistisch und gleichzeitig verspielt der erigierte Penis dargestellt ist. Prall und rosa, verziert mit blaugrünen flatternden Bändern sitzt er auf zwei stacheligen Früchten, auch die Tröpfchen-Fontäne fehlt nicht. Dass gleich daneben das Bild des Königs hängt, zeigt, dass diese Darstellung nicht anstössig ist.

Eine scheue Frau serviert mir einen Teller Reis, dazu Schalen mit Gemüse und Fleisch. Dass ich – wie viele Einheimische – vegetarisch essen möchte, nimmt niemand zur Kenntnis. Das Pouletfleisch an würziger Sauce schmeckt, daran liegt es nicht. Restaurants sind für das Wohl der ausländischen Gäste zuständig und haben einen Auftrag zu erfüllen. Die Touren sind vorgebucht und werden von lokalen Guides begleitet. Die Arrangements sind relativ teuer, doch da ein Teil des Geldes für Bildung und Gesundheitswesen verwendet wird, finde ich das in Ordnung. Westliche Touristen essen Fleisch, man bietet ihnen das Beste – ob sie wollen oder nicht. Das Rätsel bleibt ungelöst. Es ergeben sich auf dieser Reise interessante Gespräche, aber alle kulturellen Missverständnisse lassen sich nicht klären.

Immer wieder schaue ich das Bild an. Das wird mir zuhause niemand glauben. Ich warte einen günstigen Moment ab, weil ich nicht ertappt werden möchte, nehme meine Kamera, wähle einen guten Blickwinkel und fotografiere das originelle Sujet.

Vom Dorf Metshina führt ein halbstündiger Spaziergang zum Fruchtbarkeitstempel «Chimi Lhakhang». Beim ersten Haus bleibt Pema stehen und zeigt mir den Phallus, der an die Wand neben der Tür gemalt ist, diesmal ein brauner mit grünen Bändern und weissen Äuglein.

Pemas Ernsthaftigkeit nimmt mir das Unbehagen, doch es verbietet mir ebenso das Lachen. Das Phallussymbol bedeutet «Prosperity», was sich mit Wohlstand, Erfolg und Reichtum übersetzen lässt. Es gibt in dieser Region kein Haus ohne dieses Symbol an der Fassade. Die verschiedenen fantasievollen Darstellungen wirken durchwegs verspielt, lustig oder keck: dicke Raupen mit bunten Schleifen, hochspringende Wasser speiende Fische, pralle Würstchen, die auf Stachelfrüchten hocken. Dieser Brauch soll auf «Madman Drukpa Kunley» zurückzuführen sein. Pema erzählt mir allerlei Legenden über diesen verrückten aber hoch verehrten Heiligen, der sich in Bezug auf Alkohol und Frauen keine Zurückhaltung auferlegte.

Und schon sind wir beim Fruchtbarkeitstempel angelangt. Hierhin pilgert man, wenn sich der Kinderwunsch erfüllen soll. Wir ziehen die Schuhe aus und gehen hinein. Paare, einzelne Frauen und Männer, Mädchen und Buben werden von einem jungen Mönch gesegnet, indem er deren Köpfe mit einem Phallus aus Holz berührt. Pema schlägt mir vor, mich ebenfalls segnen zu lassen und versucht es mit einer humoristischen Einlage, «es könnte ja sein», doch ich enthalte mich der Zeremonie.

Draussen auf der Wiese sitzen die Menschen in losen Gruppen beisammen, an diesem Feiertag gedenkt man der Toten. Die vielen Gebetsfahnen an Stangen, die den Park säumen, flattern für die Verstorbenen.

Der Dzong von Punakha liegt beim Zusammenfluss des «Mo-Chhu» und des «Pho-Chhu», des Mutter- und Vaterflusses, und ist umgeben von violett blühenden Bäumen. Selbst aus grosser Distanz wirkt die Anlage imposant. Als Dzong bezeichnet man Klosterfestungen, die an strategisch wichtigen Stellen gebaut worden sind. Heute beherbergen diese Gebäude je zur Hälfte die Administration des Bezirks und das Kloster.

Als wir durch das Eingangstor treten, hält mich Pema plötzlich zurück und flüstert mir zu, dass die zwei Personen, die auf uns zu kommen, ein Minister und eine Ministerin seien.

Zu meiner Überraschung bleiben sie bei uns stehen und reichen uns mit einer angedeuteten Verbeugung die Hände. Wir tauschen ein paar Höflichkeiten aus. Ich bin gerührt und muss an die Volksverbundenheit von Bundesrat Ogi denken.

Pema glaubt daran, dass ich ihm Glück bringe. So viele aussergewöhnliche Begegnungen an einem einzigen Tag ist er sich nicht gewöhnt. Und es ist noch nicht zu Ende mit den Überraschungen.

Im Innenhof des Tempelbereichs findet eine Zeremonie statt. Mönche mit Flöten und Trommeln versammeln sich zu einer Prozession. Die Anführenden tragen zwei silberne Kästen mit Reliquien darin. Die eine Reliquie ist ein Muschelhorn, das bei der Verkündung des Buddhismus (durch den Gründer einer der wichtigsten Schulen) verwendet wurde. Die andere ist ein Amulett des Vaters von Buddha. Das Amulett wird extrem selten in der Öffentlichkeit gezeigt. Es sei ein grosses Glück, sagt Pema, dass wir dabei sein dürften.

Die Menschen bilden eine Gasse, bedecken Mund und Nase mit den Händen, um die heiligen Gegenstände nicht mit ihrem Atem zu verunreinigen. Ich bitte Pema, mich genau anzuleiten, wie ich mich verhalten soll. Viele Leute knien nieder. Das sei nicht nötig für mich, aber den Segen könne ich empfangen, das schade nie.

So warte ich neben Pema und harre der Wunder. Als der erste Mönch bei mir anlangt, bleibt er stehen, wie bei den andern Wartenden zuvor. Mit der Kante des Silberkastens berührt er meinen leicht gesenkten Kopf. Die Berührung geschieht nicht sanft, sie ist eher ein Stoss gegen die Stirn. Der zweite Mönch mit dem Silberkasten, der das Amulett von Buddhas Vater enthält, stösst etwas sanfter gegen meine Stirn.

Später frage ich Pema, ob die Stärke des Schlages eine Bedeutung habe. Er lächelt über meine Idee. Der junge Mönch sei wahrscheinlich etwas nervös gewesen, vielleicht habe er geglaubt, dass die Segnung mit einem heftigen Schlag stärker wirke als mit einem schwachen. Eine Touristin mit der Reliquie zu segnen, sei schliesslich nichts Alltägliches.

Nach der Prozession herrscht im Tempelhof ein reges Durcheinander, ein Kommen und Gehen. Nicht nur Mönche in dunkelroten Roben sind eilig unterwegs, auch viele Männer in Trachten. Einige tragen dazu Filzstiefel, die einen offizielleren Eindruck machen, als die normalen schwarzen Schuhe, die im Alltag getragen werden. Frauen mit Kindern, grössere und kleinere Gruppen von asiatischen Touristen stehen herum und beobachten das Treiben, bewundern genau wie ich die kunstvoll geschnitzten und bemalten Holzfassaden.

Mister Rinsin wartet beim Auto auf uns. Er hilft Pema den Zeremonienschal zu falten, den dieser im Kloster getragen hat. Die Grösse des beigen Tuches beträgt ungefähr 3 x 1,5 m. Die Farbe kennzeichnet den Rang des Trägers. Beige ist für normale Leute, orange für Minister und gelb für den König.

Am Krematorium vorbei führt der Weg zur längsten Hängebrücke Bhutans. Sie spannt sich über den «Pho-Chhu».
Es ist bereits 17 Uhr, als ich die Brücke betrete, und somit bin ich auch hier allein unterwegs. Denke ich. In der Mitte der Hängebrücke, die mit unzähligen Gebetsfahnen geschmückt ist, begegnen mir ein paar furchtlose Wanderer, die diese wacklige Angelegenheit strammen Schrittes erobern. Ihr Gesichtsausdruck demonstriert, dass sie sich weitaus gefährlichere Abgründe gewöhnt sind. Höflich trete ich zur Seite und lasse die mutigen Männer an mir vorbeistürmen. Ihre

Outdoor-Markenkleidung verrät sie eindeutig als Schweizer. Am andern Ufer befindet sich ein Dorf, oder zumindest eine Ansammlung von Häusern. Ich kehre wieder um, geniesse die Stille und die weite Sicht, blicke hinunter in den fliessenden Fluss. Ein schöner, reicher Tag geht zu Ende.

Das Hotel «Zangto Pelri» besteht aus mehreren Bungalows und liegt auf einer Anhöhe. Von der Vorfahrt führt eine Treppe zum sechseckigen Hauptgebäude. Es regnet.

In der gemütlichen Lobby beschäftigen sich die Gäste mit Tablets und Computern. Hier gibt es also Internetanschluss. Die freundliche Frau an der Rezeption traut mir nicht zu, dass ich die Verbindung an meinem Smartphone selber herstellen kann und bietet mir an, es für mich zu machen. Flink tippt sie das Passwort (das sie nicht preisgeben will?) ein.

Das Zimmer befindet sich in einem der zweistöckigen Bungalows. Es regnet in Strömen, so dass ich für die kurze Strecke den Schirm aufspannen muss. Die Grösse und Ausstattung des Zimmers überrascht mich. Die Wände sind mit kreisrunden kunstvollen Ornamenten bemalt, die sich unregelmässig über die Flächen verteilen. Dass kaum ein Brett des Parketts gerade zugeschnitten ist, sehe ich erst später. Einerseits diese perfekte Malerei, andererseits der fehlende Sinn für etwas bauliche Sorgfalt. Das verstehe ich nicht. Als ich eines der Ornamente, jenes über dem Bett, fotografieren will, sehe ich plötzlich eine Riesenspinne an der Wand. Handtellergross! Zuhause mache ich mir nicht viel aus Spinnen, aber hier weiss ich sofort, dass ich mit diesem ungewöhnlichen Gast definitiv nicht schlafen kann.

Sollte ich jemanden um Hilfe bitten? Das Zimmer wechseln? Mich anziehen, alles zusammenpacken? In diesem Land, da bin ich mir sicher, wird niemand ein Tier für mich töten. Soll ich die Spinne erschlagen? Womit? Das Schlimmste wäre, wenn sie herunterfallen und sich unter dem Bett verkriechen würde, was ich plastisch vor mir sehe.

Als ich die verschiedenen Möglichkeiten überlege, entsteht ein Plan. In meinem Necessaire befindet sich eine kleine Dose Haarspray. Diese suche ich heraus und steige aufs Bett. In der einen Hand halte ich die Dose, in der anderen das Informationsblatt, das ich an der Hotelrezeption bekommen habe. Dann spielt sich alles sehr schnell ab. Die Spinne zieht sich im Sprühnebel zusammen. Mit dem Blatt klatsche ich sie flach an die Wand. Es schüttelt mich. Die Überreste der armen Spinne entsorge ich aus dem Fenster.

Es dauert eine Weile, bis sich mein Herzschlag beruhigt. Hoffentlich suchen mich keine strafenden Götter heim. Vielleicht beschützen mich die rotäugigen Drachen, die mich aus den kunstvollen Ornamenten anschauen. Ihretwegen habe ich die Spinne überhaupt entdeckt. Trotz allem – ich schlafe wunderbar in dieser Nacht.

Fotos nächste Seite:
Teepause unterwegs | Symbol für Fruchtbarkeit und Wohlstand

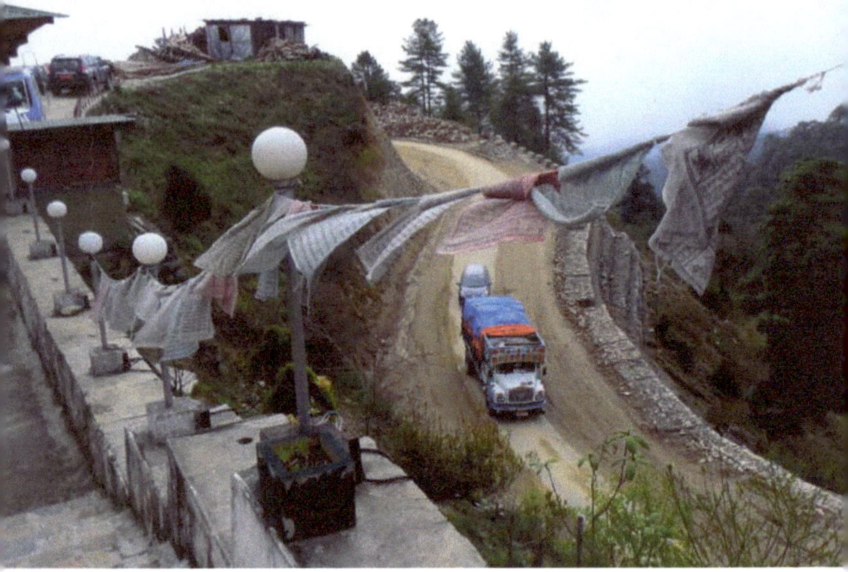

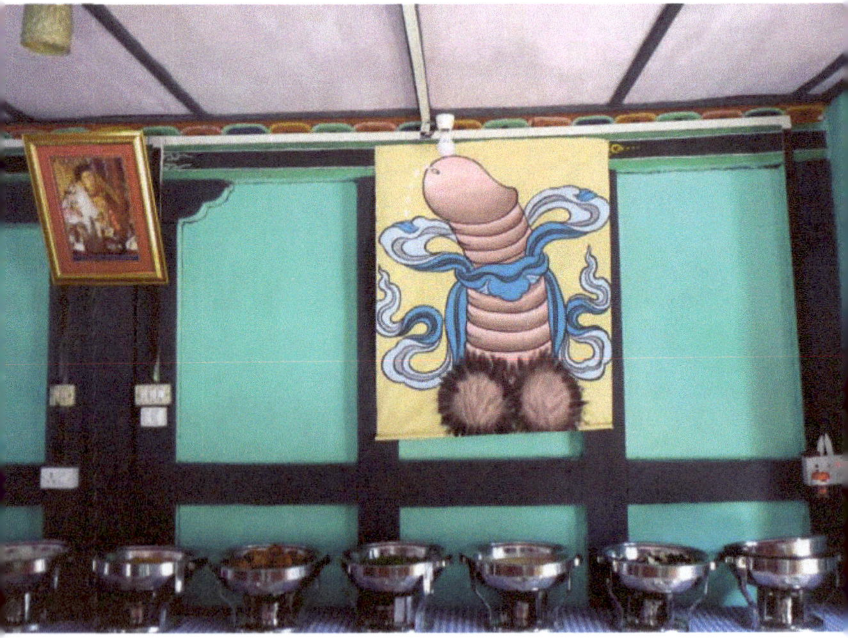

Kurzweilige Fahrt nach Trongsa

Wir sind unterwegs nach Trongsa. Die Strasse führt auf gleichbleibender Höhe den bewaldeten Hängen entlang. Das Wetter ist regnerisch. Nach einer Stunde erreichen wir die erste Strassenblockade. Einige Abschnitte auf diesem Weg sind wegen Unterhalts- und Ausbauarbeiten nur einspurig befahrbar. Die Zeiten der Sperrungen sind Mister Rinsin bekannt. Er hat unsere Abfahrtszeit im Hotel darauf abgestimmt. 20 Minuten Reserve sind eingerechnet.

Nun stehen wir in der Kolonne, vielleicht an zehnter Stelle. Ich steige aus und spaziere im Nieselregen ganz nach vorne. Dort steht in der Strassenmitte eine Tafel mit «Opening Time» und «Closing Time» für die jeweilige Richtung. Ich lese, dass wir unsere Fahrt um 10 Uhr fortsetzen können. Andere Leute steigen ebenfalls aus. Einheimische und Touristen unterscheiden sich ganz klar durch die Kleidung. Man spannt Regenschirme auf, steht herum, sucht Schutz unter einem Felsvorsprung oder redet miteinander. Die Strasse ist in den Berghang gehauen. Auf der rechten Seite geht es steil aufwärts, links fällt das Gelände senkrecht ab.

Der Nieselregen beschlägt mir die Brillengläser, so kehre ich ins Auto zurück. Pema telefoniert. Mister Rinsin ist etwas nervös, was sich in Kaubewegungen bemerkbar macht. Die Betelnuss in seinem Mund verströmt einen säuerlichen Geruch, der wie ein gedüngtes Feld riecht. Betelnuss stinkt also ziemlich stark. Ob man sich an den Geruch gewöhnen kann, weiss ich nicht. Da ich hier zu Gast bin, versuche ich diese (Un-)Sitte zu ignorieren. Wie ich gehört habe, ist hier Rauchen und Trinken verboten, oder jedenfalls verpönt. Was bleibt also übrig?

41

Pema sitzt schräg hinter mir und telefoniert. Neben ihm liegen die Papiere mit den Reiseinformationen. Von diesem improvisierten Büro aus organisiert er den Tag. Er benachrichtigt das nächste Restaurant über unsere Ankunftszeit und später auch das Hotel. Zwischendurch erzählt er mir über Land und Leute, Glauben und Brauchtum.

Mittlerweile verstehen wir uns gut. Das heisst, ich habe mich an sein Englisch gewöhnt und er sich an meines. Sein Wortschatz ist grösser als meiner, er ist gebildet und weiss über vieles Bescheid, so auch über die Schweiz und das Christentum. Die hierarchische Struktur im Katholizismus ist ihm ebenfalls bekannt, besser als mir. In diesem Zusammenhang erklärt er mir auch die fünf wichtigen Sekten oder Schulen, die es im hiesigen Buddhismus gibt.

Als er am Anfang unserer Reise nach seinen Erläuterungen jeweils «any cushion» sagte, verstand ich nicht, was damit gemeint war. Ein Kissen? Nein, natürlich nicht. Nach dem dritten oder vierten Mal realisierte ich, dass er «any question» fragte. Auch ich verwendete Ausdrücke, die er wegen meines Swiss-English nicht verstand. Wir merkten aber bald, dass wir uns besser verständigen konnten, wenn wir ein Wort buchstabierten oder anders auszusprechen versuchten. Dieser sprachliche Angleichungs- oder Näherungsprozess dauerte etwa zwei Tage. Dann hatte er meinen und ich seinen Slang im Ohr. So wurden viele Diskussionen möglich und unsere Unterhaltung gewann an Tiefe.

Die Lehmstrasse ist nass und rutschig, wir fahren an Baustellen mit Lastwagen und Baggern vorbei und erreichen schon bald die zweite Blockade. Es regnet nicht mehr, die Leute steigen wieder aus ihren Autos und spazieren herum, man kennt sich bereits. Die Fahrer und Guides bilden Gruppen. Vereinzelte Touristen werde ich noch ein weiteres Mal herumstehen sehen.

Nach einer Teepause am Weg erreichen wir gegen Mittag den «Pele-La». Die Passhöhe liegt auf 3420 m ü. M. Wir sind seit fast vier Stunden unterwegs und haben unmerklich mehr als 2000 Höhenmeter überwunden.

Die Autos umfahren den Chorten, der den Übergang markiert, linksherum wie einen Kreisel. Leider ist auch hier der Himmel wolkenverhangen. Trotzdem spaziere ich (Pema lässt mich widerspruchslos ziehen) durch einen Wald von flatternden Gebetsfahnen auf eine Anhöhe hinauf. Die Luft ist dünn. Die Anstrengung macht mich zum ersten Mal etwas kurzatmig.

Der «Bumthang-Ura-Highway» führt in unzähligen weiteren Windungen den Berghängen entlang in eine sanftere Landschaft mit weiteren Tälern und bewirtschafteten Feldern.

In der Nähe von «Rukubji», einem kleinen Dorf, etwas abseits der Strasse, sitzt auf einer lichten Anhöhe ein hübsches sternförmiges Haus. Wir fahren die Zufahrt hinauf. Das traditionell konstruierte Gebäude aus Naturstein und Holz ist ein Touristen-Restaurant. Es ist umgeben von einem gepflegten Ziergarten mit Sitzbänken an schönster Aussichtslage. Hinter dem Haus befindet sich ein mit Ästen eingezäunter Gemüsegarten, weiter oben weiden ein paar Yaks. Etwas abseits, hinter einem knorrigen, rot blühenden Rhododendron entdecke ich ein altes Yak, das den grossen schweren Kopf nach mir umdreht und mich anschaut. Wie aus einer anderen Welt. Pema warnt mich, dass ich nicht zu nahe herangehen soll. Alte Tiere, die sich absonderten, seien unberechenbar. So verwende ich zum Fotografieren das Zoom.

Ausser ein paar frierenden Japanerinnen, die sich um den Ofen scharen, bin ich der einzige Gast. Ich wähle einen Fensterplatz, die Tische sind mit karierten Tüchern belegt. Alles ist sauber und hell. Mit einer warmen Jacke ist die Temperatur recht angenehm. Bald stehen mehrere kleine Schalen mit verschiedenen Gerichten um meinen Teller herum. Pema besorgt mir noch Ema Datshi. Herrlich!

Die Weiterfahrt ist abwechslungsreich mit Fotostopps in der waldreichen, hügeligen und fruchtbaren Landschaft. Einmal entdecken wir Affen, es sind die seltenen weissen Hanuman-Languren. Pema ist ganz begeistert. Ich gebe ihm meinen Fotoapparat. Er schleicht sich an die scheuen Tiere heran und macht ein paar Bilder.

Bei einem Verkaufsstand direkt an der Strasse stoppen wir. Mister Rinsin braucht frische Betelnuss. Auf der Theke liegen verschiedene, in Plastiksäcke verpackte Snacks. Ich möchte den beiden Frauen etwas abkaufen.

Die ältere ist etwa fünfunddreissig, trägt einen karierten Wickelrock, ein gemustertes T-Shirt, darüber eine blaue Fleece-Jacke, wie ich selber eine habe, und ein rosa Tuch um den Kopf. An ihrer Hand hält sich ein fünfjähriges Mädchen in T-Shirt, gewürfelten Hosen und rosaroten Crocs fest. Die jüngere Frau wird zwischen fünfzehn und zwanzig sein. Sie trägt einen langen dunkelroten Wollpullover und einen weissen Strickschal um den Hals, dazu schwarze Leggings und violette Crocs. Wie viele junge Frauen trägt sie die langen schwarzen Haare offen.

Ich nütze die Gelegenheit meinen Begleitern etwas zu offerieren. Pema entscheidet sich für eine Cola, Mister Rinsin für ein gekochtes Ei. Sie empfehlen mir, unbedingt Buchweizenpfannkuchen mit Ema Datshi zu probieren. Hungrig bin ich nach dem üppigen Mittagessen natürlich nicht, aber sie schmecken trotzdem ausgezeichnet.

Mister Rinsin ist richtig gut aufgelegt. Er kauft seine Betelnuss und schäkert mit den beiden Frauen, was das Zeug hält. So keck habe ich ihn noch nie erlebt.

Pema erklärt mir später, dass die junge Frau einen Mann brauche und da probiere man halt, einen zu finden. Dass Mister Rinsin bereits verheiratet ist, soll beim Werben keine Rolle spielen. Vielleicht üben die beiden ja nur. Die Frauen hätten Mister Rinsin eingeladen, bei ihnen zu übernachten. Da wir noch einen weiten Weg vor uns haben, geht das natürlich nicht.

Ich kann nicht abschätzen, wie viel Ernst, Geflunker und Spass bei solchen Flirts dabei ist.

Mister Rinsin trägt heute einen längs gestreiften Gho in Violett- und Brauntönen, Pema einen schwarzen, der etwas kürzer und schmaler geschnitten ist als üblich, was ausgesprochen modern wirkt, und es auch sein soll, wie Pema mit einem verschmitzten Lächeln eingesteht. Dass es bei diesem Style dazugehört, die nackten Knie etwas hervorblitzen zu lassen, kann ich nur vermuten. So steigen wir alle gut gelaunt wieder ins Auto und setzen unsere Fahrt fort.

Pema zeigt mir auf der andern Talseite eine kleine Ansiedlung und sagt, dass dies unser Hotel sei. So von weitem sieht es nicht einladend aus, abseits von Trongsa, dessen riesiger Dzong mit weiss leuchtenden Mauern und roten Dächern wir ebenfalls sehen können.

Wir müssen das ganze Tal ausfahren, um den Fluss zu überqueren. Bei der Brücke angelangt, registriert uns Pema beim Check-Posten für den Trongsa-Distrikt. Hier wird ein grosses Wasserkraftwerk gebaut. Eine rote Tafel mit gelber Schrift informiert über die technischen Daten. Vom Auto aus sehe ich, dass auf einem Blechdach Fleischstücke zum Trocknen ausgelegt sind. Eine praktische Konservierungsmethode, die man in vielen Kulturen kennt.

Nochmals eine halbe Stunde Fahrt und wir erreichen unser Bungalow-Hotel. Es ist bereits 18 Uhr. Das «Yangkhil Resort» übertrifft meine Erwartungen bei weitem. Eine Augenweide, wohin ich blicke. Bei der bhutanischen Bauweise gibt es kaum einen Balken, der nicht mit Schnitzereien verziert und bemalt ist. So auch hier. Den Wegen entlang, die zu den zweistöckigen Bungalows führen, wachsen Blumen, Sträucher und kleine Bäume in Rabatten, faustgrosse weisse Flusskiesel umranden die Beete. Alles ist sorgfältig arrangiert. Bei der Eingangstüre überrascht mich ein handgemaltes Wandbild. Ich staune über die Grösse des Zimmers und die sorgfältige Einrichtung. Sie ist schlicht und zweckmässig. Die Aussicht vom Sessel am Fenster ist frappant, ich blicke direkt zum Dzong von Trongsa, der geschätzte 2 km Luftlinie entfernt liegt.

Das Hotel ist gut besetzt. Wahrscheinlich bietet es die Qualität, die von westlichen Touristen erwartet wird. Am Abend beim Essen treffen mich unterschiedliche Blicke. Neugierige und skeptische. Mittlere und kleine Gruppen, vereinzelte Paare sitzen bei Kerzenlicht an den hübsch gedeckten Tischen. Komisch, dass es ausgerechnet hier so auffällt, umgeben von westlich sozialisierten Menschen, dass ich allein reise. Später fragt mich ein Mann, der mit zwei Paaren unterwegs ist (das klassische fünfte Rad am Wagen) ziemlich forsch, ob es mir nicht langweilig sei, allein zu reisen. Ihm würde das gar nicht gefallen.

Allein fühle ich mich wirklich nicht. Da sind Pema und Mister Rinsin, da sind die vielen freundlichen Menschen, denen wir unterwegs begegnen, und nicht zu vergessen, die einheimischen Kinder, die gern ihr Englisch an mir ausprobieren.

Fotos nächste Seite:
Strassenblockade zur Einbahnregelung | Typische Mahlzeit
mit Ema Datshi (oberhalb der Gabel)

Opening Time
Closing Time
8.00AM-8.30AM
8.30AM-10.00AM
10.00AM-10.30AM
10.30AM-1.00PM
1.00PM-1.30PM
1.30PM-4.00PM
4.00PM-4.30PM
4.30PM-6.00PM

Die ältesten Tempel im Himalaja

Unterwegs zum Frühstück drehe ich an der riesigen Gebetsmühle, die auf einer gedeckten Plattform steht, bis der helle Glockenklang ertönt. Ein letzter Blick auf den imposanten
Dzong von Trongsa, den wir bald aus der Nähe betrachten
können.

Zuerst fahren wir zum Museum, das die Geschichte von Trongsa zeigt – und sind zu früh dort. Es soll zwar um 9 Uhr öffnen,
doch von der Person mit dem Schlüssel fehlt noch jede Spur.

Das Haus ist frisch renoviert, die Ausstellungsräume wirken
einladend, die Exponate sind beleuchtet und mit Schrifttafeln
versehen. Immer mehr Touristen füllen die Räume. Zum ersten
Mal merke ich, dass sich Pema etwas unsicher fühlt. Die Guides
beobachten sich gegenseitig, das fällt mir auf. Pema sagt, die In-
formationstafeln seien neu, da stehe nun alles drauf, so müsse
er mir nichts erklären.

  Im oberen Stockwerk befindet sich ein Gebetsraum, den ich
für einen Teil der Ausstellung halte, was ich erst realisiere, als
mich Pema am Arm zurückhält, da ich ihn mit Schuhen betreten will.

Trongsa ist eine kleine, an den Hang gebaute Stadt. Sie liegt
ziemlich genau in der Mitte des Landes und war früher ein
strategisch bedeutungsvoller Ort. Von hier stammte der erste
König Bhutans. Zum einen war die Klosterfestung geschützt,
weil der Feind eine steile Anhöhe zu erklimmen hatte und somit von oben bekämpft werden konnte. Zum andern bot die

zentrale Lage Gelegenheit, von den Handelskarawanen zwischen Ost und West Zölle einzutreiben.

Da heute noch ein langer Weg vor uns liegt, schlägt Pema vor, den grossen Dzong von Trongsa auf der Rückreise, die uns wieder hier vorbeiführen wird, zu besuchen.

Unsere weitere Fahrt führt auf dem «Trongsa-Yotong-La-Highway» über zwei Pässe ins Chokhor-Tal nach Jakar, das sich im Bumthang-Distrikt befindet und auf einer Höhe von 2600 m ü. M. liegt.

Ein Torbogen leitet uns zum Chorten auf dem Yotong-La, dessen Höhe mit 3424 m ü. M. angegeben ist. Wie immer wird der Chorten links umfahren. An den Strassenrändern spannen sich unzählige Schnüre, zerfranste, ausgebleichte Gebetsfahnen flattern daran, dazwischen neue, in kräftig leuchtenden Farben. Umgeben von hohen, schlanken Himalaja-Kiefern (Himalayan Pine) und Buschwerk mit Bärten von blassgrünen Flechten spaziere ich auf eine Anhöhe und gelange zu einer kleinen eingezäunten Trafostation, die zuoberst auf dem Hügel steht.

Gegen 14 Uhr treffen wir in Jakar ein, dessen Zentrum hauptsächlich aus einer langen Strasse besteht. Das Restaurant «Sonam Yangkhel» befindet sich in einem von mehreren aneinandergereihten Holzpavillons mit Steinfundament. Es unterscheidet sich nur durch seine gelbe Tür von den andern.

Wieder einmal bin ich einziger Gast. Der Wirt entfernt noch schnell ein geschnitztes Fruchtbarkeitssymbol aus meinem Blickfeld. Danach wird mir ein schmackhaftes Essen aufgetischt. Brauner Reis mit vier Gemüsebeilagen, wovon mich die Karotten geschmacklich überraschen. Der Wirt erklärt mir, wie er sie zubereitet hat. Frisch gehackten Ginger und etwas Zwiebeln im Öl anbraten, die Karotten dazugeben und das Ganze mit wenig Orangensaft ablöschen.

Gestärkt machen wir uns auf den Weg zum «Khurje Lhakhang», einem Kloster, dessen Geschichte auf Guru Padmasambhava zurück geht. Er soll hier im 8. Jahrhundert in einer Höhle meditiert haben. Wir gehen zu Fuss, was sich nach der langen Autofahrt gut anfühlt. Der schmale Feldweg führt links des Flusses durch eine breite fruchtbare Ebene, vorbei an Bauernhäusern, die umgeben sind von Wiesen und eingezäunten Weiden, da und dort ein Kalb und vereinzelte Kühe, blühende Obstbäume und bepflanzte Felder. Die Trockenmauern sind aus riesigen Flusskieseln geschichtet. Am Horizont türmen sich Kumuluswolken. Ich spaziere hinter Pema her und versuche den grössten Wasserlachen auszuweichen. Immerhin trage ich Wanderschuhe im Gegensatz zu Pema, der in Halbschuhen über die Pfützen springt.

Durch einen Seiteneingang gelangen wir ins Klosterareal. Da es bereits später Nachmittag ist, sind wir die einzigen Besucher. Wir ziehen die Schuhe aus und betreten den kühlen Steinboden des Tempels. Pema macht seine zehn Niederwerfungen, die ich einmal mehr fasziniert beobachte. Ein Mönch segnet uns.

Danach führt uns die kleine Wanderung hinunter zum Fluss. Bei der Hängebrücke überholen uns Buben mit Schultaschen am Rücken. Sie sind nicht so jung, wie ich vermute. Pema schätzt sie auf zehn oder elf. Wir folgen ihnen über die Brücke und holen sie bald wieder ein. Sie haben ihre Schultaschen abgeworfen und spielen mit Glasmurmeln mitten auf dem Weg.

Die Buben tragen eine Schuluniform, die aus einem karierten Gho mit weissen Ärmelstulpen und schwarzen Kniestrümpfen besteht. Die heruntergerutschten Socken und hochgerutschten Ghos zeigen dünne braune Beine und spitze Knie. Es ist ein aufgeregtes Spielen, das von anfeuernden Rufen begleitet wird. Die Fingerfertigkeit der Ziel- und Schiesstechnik beeindruckt mich.

Wir bleiben stehen und schauen zu. Sie lassen sich nicht im geringsten stören. Ab und zu wirft einer einen kurzen Blick auf Pema. Es ist offensichtlich, dass Erwachsene als Autoritätspersonen respektiert werden. Es ist denn auch so, dass Pema sie ermahnt nach Hause zu gehen. Als sie ihre Murmeln einpacken und die Schultaschen wieder umhängen, gibt es noch ein Gruppenfoto mit mir. Nachher schlendern sie lachend davon.

Wir schauen uns das «Tamshing Goemba» an. Das Kloster beherbergt das schwere Kettenhemd von Pema Lingpa, einer Reinkarnation von Guru Padmasambhava. Pema Lingpa hat das Kloster 1501 gegründet und ist 1521 hier gestorben. Das Kettenhemd soll von allen Sünden befreien, wenn man damit das Kloster umrundet.

In den Gängen des Tempels sind Gerüste aufgebaut und Leuchten installiert. Freiwillige aus aller Welt beteiligen sich an den Restaurationsarbeiten der Fresken, die 1000 Buddha- und 21 Tara-Darstellungen zeigen. Tara ist eine weibliche Gottheit.

Pema bemüht sich, mir die Zusammenhänge von Reinkarnation und Manifestation im Buddhismus zu erklären, doch für mein bereits übersättigtes westliches Hirn ist das momentan zu kompliziert. Die Namen klingen in meinen Ohren alle ähnlich und so fremd, dass ich sie nicht einmal nachzusprechen vermag.

Wir beobachten die jungen Leute eine ganze Weile bei ihrer konzentrierten Arbeit, wie sie mit Hingabe und Sorgfalt klöpfeln, schaben, grundieren und pinseln.

Bevor wir zur Unterkunft fahren (Pema will den ältesten Tempel im Himalaja-Gebiet nicht überspringen), besichtigen wir den «Jambay Lhakang». Er soll im Jahr 659 vom tibetischen König «Songtsen Gampo» erbaut worden sein.

Das «Swiss Guest House» liegt etwas ausserhalb von Jakar in einer weiten, offenen Landschaft. Die Anlage bezaubert mich sofort. Die traditionellen Gebäude fügen sich harmonisch in die Umgebung. Bald sitze ich in meinem Zimmer im ersten Stock. Es ist ein helles Eckzimmer mit holzverkleideten Wänden, zwei einzelnen Betten, Vorhängen in warmen Farben, einem kleinen Badezimmer mit Dusche und Boiler. Es wirkt ganz gemütlich.

Noch etwas Wärme, dann wäre es optimal. Neben dem Ofen (ähnlich einem Schwedenofen) steht eine Kiste mit Holz, so versuche ich ihn einzufeuern – und bemühe mich vergeblich, die dicken Scheite wollen nicht brennen.

Nach dem Essen ist das Zimmer warm. Jemand aus der Küche hat den Ofen für mich eingeheizt. Ich werde gut schlafen. Zum ersten Mal auf dieser Reise habe ich ein Bier getrunken – und merke es im Kopf. Vielleicht liegt es an der Höhe, wir befinden uns auf 2600 m ü. M., vielleicht fehlt mir der Ema Datshi Adrenalinschub. Vieles hier ist schweizerisch: Der Vater der Wirtin, das Essen, die Trekking-Gruppe, die lokale Bierbrauerei, von welcher das getrunkene Bier stammt.

Wenn ich aus dem Fenster schaue, blicke ich auf eingezäunte Wiesen mit blühenden Apfelbäumen, am Himmel ziehen Schäfchenwolken vorbei, Krähen lärmen, ein paar Dobermänner und Mischlinge lungern herum. Die Gebäude mit den traditionellen Schnitzereien, den blühenden Kletterpflanzen und den gepflegt angelegten Wegen sind einfach schön und nochmals schön.

Das mit den vielen Hunden betrachte ich mittlerweile etwas neutraler: Man braucht eigene Hunde, um die fremden Rudel zu vertreiben.

Fotos nächste Seite:
Hängebrücke als Schulweg | Die Murmelspieler auf dem Heimweg

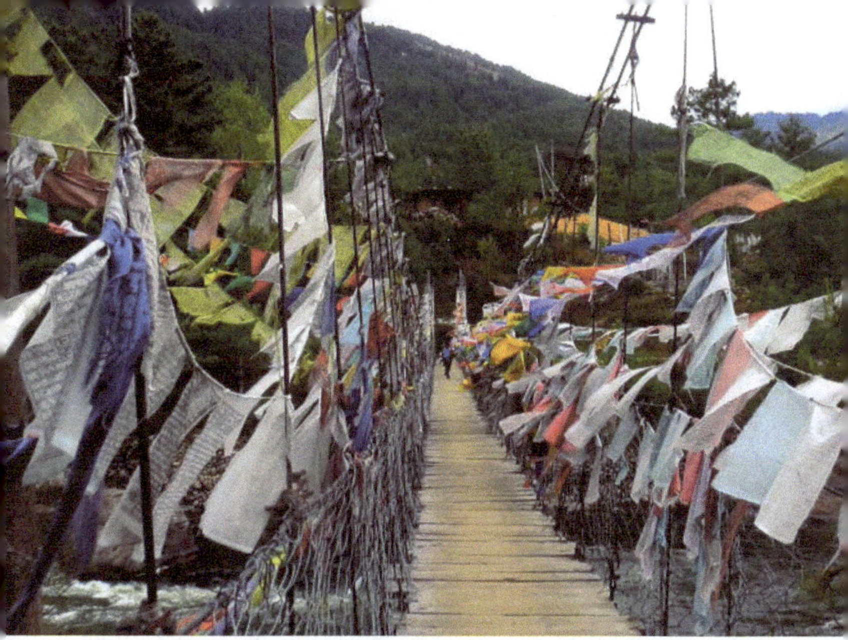

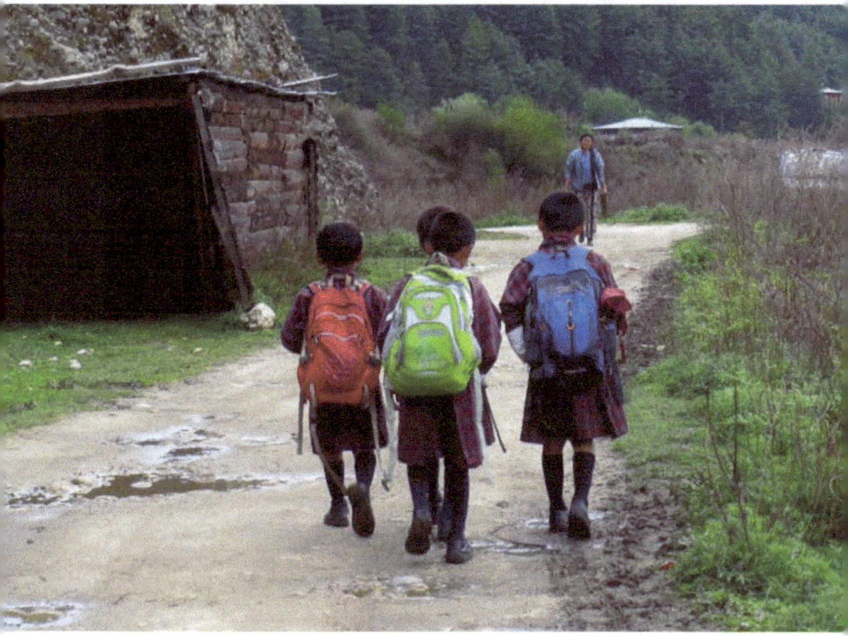

Wanderung ins Tang Valley

Nach den langen Autofahrten der letzten Tage freue mich auf etwas Bewegung. Ich ziehe die Wanderschuhe an. Vom Hotel aus gehts zu Fuss auf einer Naturstrasse leicht aufwärts an Wiesen und Häusern, Höfen und Hütten vorbei. In meinem Rucksack stecken Regen- und Primaloft-Jacke, Knirps und Sonnencreme, so bin ich gut gerüstet für alle Fälle.

Wie sich das Wetter entwickeln wird, wissen wir nicht. Noch scheint die Sonne, der Himmel ist leicht bewölkt. Pema trägt den schwarzen Gho und Halbschuhe. Auch er mit Rucksack. Ich höre Motorenlärm und entdecke unten im Tal auf einer schmalen Piste ein rollendes Flugzeug, eine zweimotorige Turboprop. Der kleine Flugplatz gehört zu Jakar und ist bestimmt nicht stark frequentiert, sonst hätte ich das Geräusch schon früher wahrgenommen.

Der Weg wird steiler und mündet bald in einen Pfad, der in den Wald hinein führt. Pema zeigt mir verschiedene Arten von Farn. Junge Triebe, hellgrün eingerollte Blätter, die seltsam künstlich wirken, wie aus Wachs. Viele Pflanzen kenne ich von zu Hause. Sie gedeihen bei uns als Zimmerpflanzen.

Bhutan ist berühmt für seine Rhododendren. Einzelne blühen bereits. Sie sind weniger üppig als bei uns, dafür gross und knorrig, richtige Bäume. Am Wegrand blühen Walderdbeeren, und schon bald zeigt mir Pema den ersten Pilz. Das gibt ein Foto. Er nimmt ihn mit, vielleicht braut ihm der Koch im Swiss Guest House eine Suppe davon.

Wir steigen höher im dichter werdenden Wald. Es ist warm. Pema schlüpft aus den Ärmeln seines Ghos und stülpt den oberen Teil nach unten. Er trägt ein hübsches blauweiss gestreiftes Hemd und freut sich über mein Kompliment. Ich habe gemerkt, dass sich die jungen Leute, so auch Pema, mit dem Gho schwer tun. Sie sind mit den Traditionen ihres Landes einverstanden, möchten sich aber doch ab und zu modisch kleiden. Im Tourismus ist das ein Tabu. Die Trachten tragen zum einzigartigen Erscheinungsbild der Bevölkerung bei.

Nach zwei Stunden aufwärts Wandern erreichen wir auf unserem Weg ins Tang Valley den Grat und folgen ihm ein gutes Stück. Es ist Zeit für eine Rast. Am Boden sitzend, zwischen dürrem Farn und Gebetsfahnen essen wir ein Sandwich. Die Wolken haben sich aufgelöst, die Sonne brennt. Ich biete Pema etwas Schokolade an. Danach entschuldigt er sich, es ist ihm zu heiss an der Sonne, er wird sich hinten bei den Bäumen hinsetzen, nein, ich soll ruhig da bleiben.

Er will nicht, dass ich mitgehe, das merke ich – und nun gesteht er mir, wie wenn es eine Sünde wäre, dass er ab und zu eine Zigarette rauchen müsse. Es erstaunt ihn, dass ich das noch nicht gemerkt habe. Auch wenn ich beteuere, dass es mich nicht störe, so will er trotzdem nicht in meiner Gegenwart dem Laster frönen. Vielleicht braucht er eine Pause von mir, etwas Distanz und Erholung. Bin ich anstrengend?

Wie ich nun höre, ist es nicht nur eine Rauch- sondern auch eine Telefonpause, hat er doch Frau und Baby, die zu Hause auf ihn warten.

Am Horizont bilden sich Wolken, die sich in Windeseile am Himmel verteilen. Zeit zum Aufbruch. Nun führt der Weg talwärts. Bald tauchen erste Lichtungen auf, einfache Bauernhäuser mit eingezäunten Feldern, die mit unzähligen Vogelscheuchen gespickt sind, bunte Lumpen an Stecken.

Vor einem kleinen einstöckigen Haus mit erhöhter Veranda bleiben wir stehen. Das wettergegerbte Holz ist mit Schnitzereien verziert, der Dachabschluss mit Ornamenten bemalt. Am Lattenzaun, der das Haus umgibt, hängen eine bunt gemusterte

Decke und viele kleinere Wäschestücke zum Trocknen. Es ist niemand zu sehen.

Die Besiedelung nimmt zu, je tiefer wir ins Tal gelangen. Hinter einer Wegbiegung entdecke ich unser Auto. Und schon kommt Mister Rinsin herbeigeeilt. Nach dieser beschaulichen aber doch vierstündigen Wanderung ruhe ich meine Beine gern etwas aus. In Bumthang gebe es vier grosse Täler, sagt Pema und zählt sie auf: Ura, Chumey, Tang und Chokhor. Dieses hier, das Tang-Tal, sei das schönste.

Unser nächstes Ziel heisst «Membartsho», was übersetzt «brennender See» heisst. Von weitem sehe ich zwei Touristen-Cars. Und wie vermutet, treffen wir zum ersten Mal auf eine grosse Gruppe. Wir schlängeln uns durch die Masse, die einen Pulk um ihren Guide bildet, und gelangen zum Naturschauspiel, dessentwegen die vielen Leute hier sind.

Tief unten in der Schlucht tost wildes Wasser durch enge Passagen. Das während Jahrhunderten zu bizarren Formationen geschliffene Gestein formt ein Becken, in welchem sich das Wasser sammelt und einen klaren Spiegel bildet, bevor es weiter talwärts stürzt.

Hier soll Pema Lingpa Anfang des 16. Jahrhunderts verschiedene «Termas» (heilige Schätze) gefunden haben, die von Guru Padmasambhava 800 Jahre zuvor versteckt worden sind. Und natürlich gibt es eine schöne, jedoch ausufernde Legende zu diesem brennenden See, die ich sofort hätte aufschreiben müssen, um sie nicht zu vergessen.

Grössere Gruppen, so erklärt mir Pema, hätten neben ihrem eigenen Reiseleiter, der in diesem Fall ein Deutscher ist, immer auch einen lokalen Guide. Diese Arbeit sei eher langweilig, denn ausser dem Reiseleiter Auskunft zu geben, habe man nichts zu tun, und kontrollieren könne man auch nicht, wie das Gesagte übersetzt werde.

Pema vermutet, dass die Reiseleiter manchmal irgendetwas erzählen. Er merke das, wenn über gewisse Dinge gelacht werde, die nicht lustig seien.

Gegen 15 Uhr sind wir wieder in Jakar, noch nicht zu spät für den Lunch. Wir kehren im gleichen Lokal ein wie gestern, und mit gutem Appetit esse ich Reis mit verschiedenen delikaten Beilagen. Das Fruchtbarkeitssymbol unter dem Fernseher wird diesmal nicht weggeräumt. Ob es der Wirt vergessen hat, oder ob er es nun nicht mehr nötig findet, weiss ich nicht.

Pema hat unterdessen zwei Schulfreunde getroffen, beide tragen einen schwarzen Gho. Nun bin ich sicher, dass schwarz eine modische Variante zum karierten Stoff ist. Sie versammeln sich um Mister Rinsins Auto herum. Pema schickt mich für zwanzig Minuten auf Shopping-Tour. Es gebe viele schöne Souvenirs.

Er möchte mit seinen Freunden etwas Quatschen, das verstehe ich. So schlendere ich die Hauptstrasse entlang, schaue da und dort in einen Laden hinein. Haushaltartikel, Lebensmittel, Kleider, Schuhe, Schultaschen und Papierwaren wecken meine Neugier.

Für den Rückweg wähle ich eine hintere Gasse. An einem kleinen Kiosk kaufe ich Kaugummi und Kaffeedrops, die mir in eine aus Zeitungspapier gerollte Tüte abgefüllt werden. Wir verständigen uns mit den Fingern und einem freundlichen Lächeln. Wieder einmal muss Pema mich suchen, weil ich nicht dort bin, wo er mich vermutet hat.

Bevor wir ins Guesthouse zurückfahren, besuchen wir den Dzong von Jakar, er liegt etwas erhöht auf einem Hügel. Zuerst schauen wir den Verwaltungsteil an. Vom rechteckigen Innenhof aus gelangt man zu den verschiedenen Büros. Die Türen sind beschriftet. Zum Beispiel gibt es eine «Engineering Section». Da es bereits nach 16 Uhr ist, sind wir auch hier wiederum allein unterwegs.

Im Klosterteil des Dzongs treffen wir auf einen Mönch, der sich mit der Herstellung von religiösen Skulpturen aus eingefärbtem Butterwachs beschäftigt. Es sind dies kunstvolle symmetrische Gebilde, die den Altar im Tempel schmücken.

Verschiedene Grössen von flachen farbigen Rondellen werden aufeinander gelegt und an vorbereitete Stäbe und Kegel geheftet. Die Gebilde erinnern mich an Leuchttürme oder gar Raketen.

Der Mönch sitzt am Boden vor einer Bank, darauf die im Entstehen begriffenen Altarschmuckstücke. Rechts von ihm steht eine Schüssel mit Wasser, daneben mehrere Stücke Butterwachs. Aus einem alten Kassettenrekorder erklingen religiöse Gesänge. Wir schauen ihm eine Weile zu. Es scheint ihn nicht zu kümmern. Er ist in seine ruhige meditative Tätigkeit vertieft, knetet das Butterwachs, taucht es ins Wasser, bricht Stücke ab, formt Rondellen ... Die Arbeit erfordert seine ganze Aufmerksamkeit.

Was mir dazu einfällt: Vergeblichkeit, Vergänglichkeit, Tun ohne Zweck, Gegenstände herstellen, deren Lebensdauer beschränkt ist, die verrotten und durch neue ersetzt werden. Kreislauf des Lebens, des Tuns. Sisyphusarbeit?

Ich freue mich, für einmal in Gesellschaft zu essen. Meine Tischpartnerin, eine siebzigjährige Deutsche, ist ebenfalls allein unterwegs. Sie kommt direkt aus Nepal. Die Geschichte, die sie mir nun erzählt, ist aussergewöhnlich. Sie hat am 25. April das grosse Erdbeben erlebt, und zwar im Durbar Square in Patan, der alten Kaiserstadt im Kathmandutal. Wie bei einem starken Gewitter habe es angefangen zu grollen und zu stürmen. Bevor sie realisiert habe, was passiere, sei sie von einer Druckwelle zu Boden geschleudert worden. Als sie festgestellt habe, dass sie gänzlich unverletzt sei, habe sie eine tiefe Dankbarkeit empfunden. Später, als sie erfuhr, dass es Tote und Verletzte gegeben hatte, sei ihr bewusst geworden, wie haarscharf sie mit dem Leben davongekommen sei. Mit ihrem Einverständnis organisierte der Reiseanbieter eine veränderte Fortsetzung ihrer Reise. So befindet sie sich nun in Bhutan und will später, falls es möglich ist, zurück nach Nepal fliegen und dort den Chitwan-Nationalpark besuchen. Sie erzählt mir, dass sie erst jetzt, nach ein paar Tagen richtig realisiere, was passiert sei. Das Schlimme sei, dass sie jede Nacht davon träume. Darum rede sie so oft wie möglich darüber und hoffe, das Trauma auf diese Weise zu überwinden.

Von Bhutan ist sie überrascht und total begeistert, was sie zu allerlei Vergleichen mit Nepal verleitet. Ihre Schwarzweissmalerei erregt meinen Widerspruch, aber mich deswegen auf eine Diskussion einlassen, mag ich auch nicht.

Ihr Guide ist ein grossgewachsener kommunikativer Bhutaner, der sich ohne Scheu an unseren Tisch setzt. Seine ungezwungene Art zeigt mir, wie vorsichtig und zurückhaltend sich Pema verhält. Trotzdem möchte ich nicht tauschen. Pemas ruhige Art gefällt mir, ich mag ihn, und wir stimmen gut überein.

Nach diesem anregenden Abend stelle ich wieder einmal fest, dass ich sehr gern allein unterwegs bin, dass ich gern still in einer Ecke sitze und das Treiben um mich herum beobachte. Ich nehme anders und anderes wahr.

Die schweizerische Wandergruppe mit Bergführer hat noch nicht gemerkt, dass ich ihrer Unterhaltung folgen kann. Es ist interessant zu hören, wie sie Bhutan erleben und wie häufig sie, obwohl sie sich in den Ferien befinden, über Themen diskutieren, die sich um den Alltag zu Hause drehen.

Bilder nächste Seite:
Butterskulpturen als Schmuck für den Altar | Kiosk in Jakar

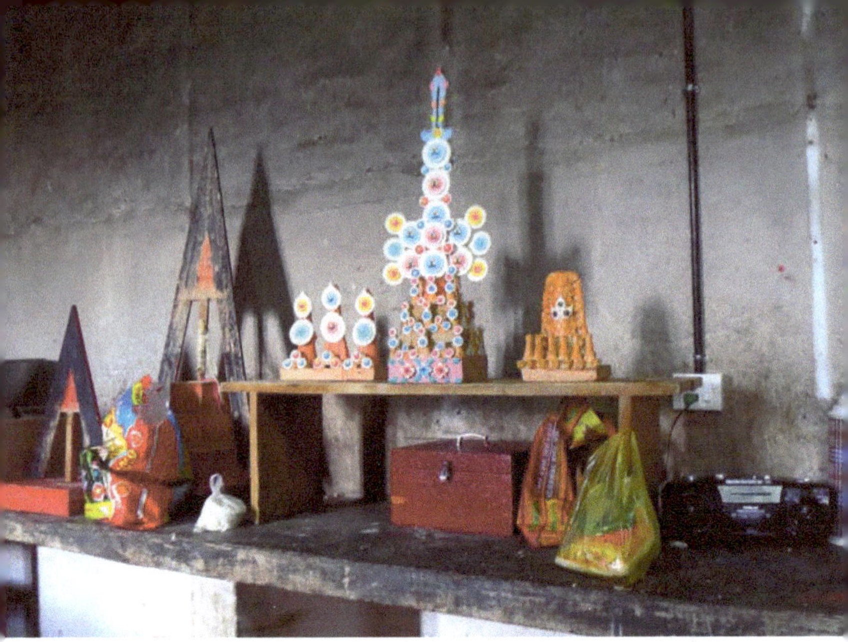

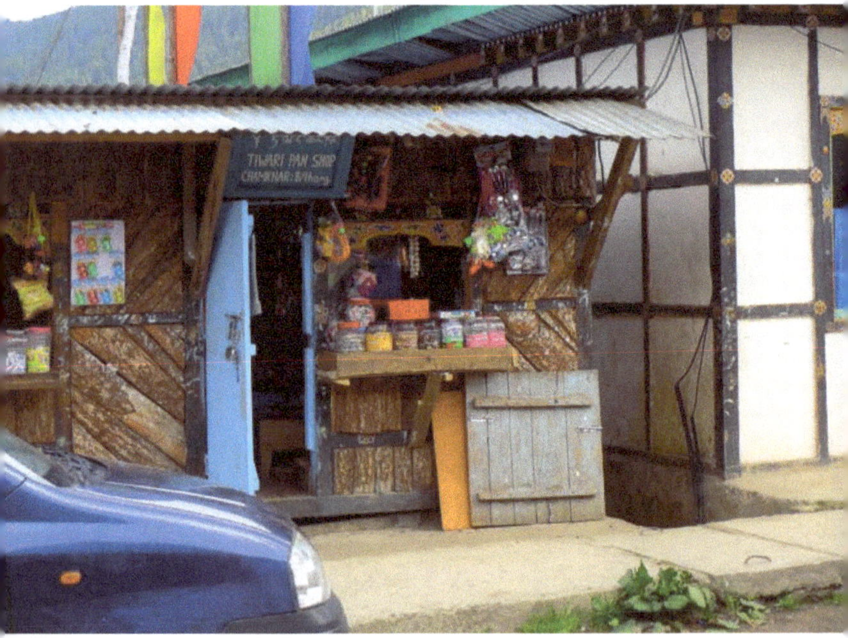
TIWARI PAN SHOP

Farbenpracht am Klosterfest in Ura

Heute fahren wir auf der kurvenreichen Naturstrasse des Bumthang-Ura-Highways waldigen Berghängen entlang, überqueren Pässe mit Stupas und gelangen nach zwei Stunden zu dem kleinen abgelegenen Ort Ura, wo ein fünftägiges Klosterfest mit Maskentänzen stattfindet.

Als wir unterwegs eine Tee-Pause einschalten, entdecke ich ein Haus, das sich im Bau befindet. Endlich kann ich die traditionelle Konstruktion aus Holz, Natursteinen und Lehm einmal genau anschauen.

Ich betrete die Baustelle. Zwei Arbeiter sind mit dem Einpassen von Balken am durchlüfteten, quadratischen Dachaufbau beschäftigt. Niemand kümmert sich um mich. So beginne ich im Erdgeschoss. Natursteinmauern und Holzkonstruktion stehen bereits. Die Böden im Erdgeschoss und im ersten Stock sind erst notdürftig mit Planken belegt. Was mir als etwas Besonderes auffällt in diesem unfertigen Haus, ist, dass die stützenden und tragenden Balken bereits bis unters Dach mit kunstvollen Schnitzereien verziert sind. Die ins Mauerwerk eingebauten Fensterrahmen aus dem neuen, noch hellen Holz haben die Form von Spitzbögen und sind als Dreier- oder Fünfergruppen angeordnet. Durch ein solches Fenster blicke ich auf den Werkplatz vor der improvisierten Schreinerei, die gleich neben der Baustelle betrieben wird. Ein älterer Mönch und ein junger Mann sind mit dem Hobeln von Balken beschäftigt.

Auf der Weiterfahrt erklärt mir Pema, dass ich nicht ein gewöhnliches Wohnhaus angeschaut hätte, sondern, dass dieser wunderschöne Bau der neue Dorf-Tempel sein wird.

Das letzte Stück nach Ura gehen wir zu Fuss, was einen schönen Blick auf das Kloster, auf die Häuser des kleinen Dorfs und die umliegenden, leicht terrassierten Felder ermöglicht.

Das Klosterfest ist der Höhepunkt des Jahres. Die Leute reisen von weither, um die Maskentänze zu erleben. Früher waren sie als religiöse und moralische Belehrung der Bevölkerung gedacht. Heute sind sie Schauspiel für Einheimische und Touristen.

Die Tänze werden auf dem quadratischen Platz vor dem Tempel veranstaltet. Rundum befinden sich einfache Nebengebäude und ein prächtiger, rosa blühender Kirschbaum. Auf der linken Seite in Richtung Tempelaufgang reihen sich Plastikstühle für die Touristen aneinander. Die einheimischen Zuschauer sitzen dem Tempel gegenüber am Boden.

Pema führt mich auf die windgeschützte Veranda, die sich ein paar Meter hinter den bereitgestellten Plastikstühlen befindet. Ich bin noch unentschieden, was ich bevorzugen soll, Sonne mit scharfem Wind oder Schatten ohne Wind. Kalt sind beide Varianten.

Nach und nach treffen andere ausländische Besucher ein. Kleine Gruppen von Frauen und Männern in Allwetterkleidung und Sonnenhüten. Die dreissig Stühle sind schnell belegt.

Als die Tänze beginnen, kommt Bewegung in die Touristenschar. Verschiedene Aufnahmegeräte werden in Betrieb genommen. Von Handys bis zu modernsten Kameras mit monströsen Teleobjektiven, die sich wie Kanonenrohre auf Tänzerinnen, Maskentänzer, Mönche und Kinder richten, ist alles im Einsatz. An diesem abgeschiedenen friedlichen Ort empfinde ich das Aufeinandertreffen von Tradition und Tourismus grell und etwas schmerzhaft. Wie ich am nächsten Tag erfahren werde, war es auch für Pema so.

Die Tänzerinnen und Tänzer tragen bunte Kostüme. Begleitet von Gesang und Tempelmusik tanzen zuerst die Frauen. Sie bewegen sich wiegend und drehend im Kreis. Unter den

Tänzerinnen entdecke ich eine Frau, die wegen ihrer blonden Haare auffällt. Sie ist die englische Ehefrau eines Einheimischen, der in Oxford studiert hat. Bald beginnen Verführer, Dämonen und Bösewichte die Harmonie der tanzenden Frauen zu stören und müssen vertrieben werden.

Die Formationen ändern sich. Je länger die Veranstaltung dauert, desto wilder und dämonischer werden die Tänze und auch die Musik. Am Schluss tanzen nur noch die männlichen Masken.

Meine Aufmerksamkeit verlagert sich. Beim Tempelaufgang entdecke ich fünf kleine Buben in festlichen Ghos, die mit einem ferngesteuerten Auto spielen. Ihr Alter ist schwer zu schätzen. Zwischen vier und sieben? In der Nähe steht der Mann, der in Oxford studiert hat, mit seiner Ehefrau. Was gibt es interessanteres, als das Auto um Hindernisse kurven zu lassen? In diesem Fall sind es die Beine des Paares. Ab und zu verschwindet das Auto unter der Kira der Frau. Niemand beachtete die Kinder oder stört sich an deren Spiel.

Am Mittag ist Tanzpause. Alle Zuschauer werden in den Tempel zum Lunch eingeladen. Eine Neuerung, die Pema noch nicht kennt. So gehen wir mit den andern Besuchern hinein. Anders als gewöhnlich sind heute Teppiche ausgelegt. Man darf – nein, eigentlich hat man keine Wahl, man muss sich auf den Boden setzen, und zwar im Schneidersitz, was in Wanderschuhen und ohne sich irgendwo anlehnen zu können, nicht ganz einfach und schon gar nicht bequem ist. Viele ältere Touristen und Touristinnen tun sich schwer damit, die Beine zu kreuzen und strecken sie aus. Das Zeigen der Schuhsohlen ist ein Affront, doch was sollen sie tun, wenn ihre Beine zu steif sind?

Der Mann, der in Oxford studiert hat, ist hier aufgewachsen und setzt sich dafür ein, dass die Tradition der Maskentänze bewahrt wird. Er begrüsst uns freundlich als seine Gäste und erklärt den Hintergrund einiger Tänze. Er sagt auch, dass ein solches Festival viel Geld koste und ohne Tourismus nicht mehr durchführbar wäre, da im Dorf fast nur noch alte Menschen und Kinder lebten. Abwanderung auch hier. Deshalb die Idee, sich mit einer Mahlzeit im Tempel den vielen Besuchern, die den weiten Weg auf sich genommen hätten, erkenntlich zu zeigen.

Schnell bildet sich eine lange Schlange am Buffet. Den Touristen gewährt man Vortritt. Auch hier im Tempel gibt es das Lieblingsgericht aller Bhutaner: Das Weisse vom Speck. Es wird in dünne Scheiben geschnitten und mit Sauce gekocht. Da ich aus allen Töpfen schöpfe, erwische ich ein kleines Stück. Was im Teller liegt, esse ich.

Pema sitzt bei seinen Kollegen, die es sich in einer Ecke bequem gemacht haben. Eine Gelegenheiten, sich mit anderen Guides auszutauschen. Es geht lustig zu und her. Nach dem Tee heisst es aufstehen, die Tänze werden fortgesetzt.

Die Sonne brennt noch immer und der Wind ist schneidend kalt. Bei uns würde ich ihn als Biswind bezeichnen. So setze ich mich wieder auf die geschützte Veranda.

Junge Frauen tragen einen Topf herbei, giessen mit Schöpflöffeln ein warmes Getränk in Becher, die sie an alle verteilen. Ist es Hirsebier? Den Alkohol spüre ich deutlich. Dann beobachte ich unweit von mir zwei Buben, die mit einem ferngesteuerten Bagger die auf dem Boden deponierten Becher zu transportieren versuchen. Schnell entstehen kleine Pfützen. Meine Stuhlbeine sind ein beliebtes Hindernis.

Es wird nicht wärmer. Obwohl ich drei Schichten übereinander, Handschuhe und Halstuch trage, friere ich. Pema ist nirgends zu entdecken. Ich weiss nicht, wie lange die Veranstaltung noch dauern wird. So schön und interessant diese Tänze sind – mein Bedürfnis ist gesättigt. Ich verlasse meinen Platz und spaziere um den Tempel herum. Einmal, zweimal, bald etwas ärgerlich. Ich hoffe, dass die soziale Kontrolle funktioniert und Pema auftauchen wird, weil ihm jemand berichtet, dass seine Touristin unbetreut herumlaufe.

Allzu lange dauert es nicht, bis Pema herbei eilt. Er fürchtet, dass mir der Anlass nicht gefallen hat, weil ich schon gehen will. Es bereitet mir einige Mühe, ihm zu erklären, dass ich nach vier Stunden einfach genug gesehen habe, und mir zudem zu kalt ist.

Kalt, ist das Stichwort. Er nickt zustimmend. Auch er hat gefroren und sich deshalb zu Mister Rinsin ins Auto gesetzt, windgeschützt und sonnenwarm. So sei er wohl kurz eingenickt, bis ein anderer Guide an die Scheibe geklopft und ihm gesagt habe, seine Touristin suche ihn wahrscheinlich.

Ich glaube nicht, dass der Aufbruch den Männern ungelegen kommt. Wie sich herausstellt, haben sie einen reichhaltigen Lunch dabei. Sie konnten nicht wissen, dass es im Tempel zu essen gibt. Der Plan wäre gewesen, sich in der Mittagspause mit dem Picknick auf eine Wiese zu setzen. Das holen wir jetzt nach.

Ausserhalb Ura parkiert Mister Rinsin am Strassenrand. Zusammen mit Pema hält er Ausschau nach einem schönen Platz für unser Picknick. Ich verstehe nicht, was sie beraten und welche Argumente für diese oder jene Stelle sprechen.

Als sie sich einig sind, kraxeln wir mit zwei Taschen und einem gut gefüllten Plastikkorb einen Hang hoch. Bei einer etwas flacheren Stelle, die sich als Rastplatz eignet, breiten sie eine Matte aus, damit sich die Prinzessin hinsetzen kann, und beginnen das Essen aus dem stapelbaren Thermobehälter auf die Teller zu verteilen. Reis, verschiedene Gemüse, Suppenfleisch, mein geliebtes Ema Datshi und ihr geliebter weisser Speck, auf den ich gern verzichte. So essen wir alle zufrieden, obwohl wir nicht mehr hungrig sind. Es ist bereits 15 Uhr. Pema lacht und Mister Rinsin nickt dazu. Es wäre doch allzu schade um das schöne Essen.

Links und rechts von mir liegen nicht Kuh- sondern Yakfladen und verströmen ihren würzigen Geruch. Abgesehen davon ist es wie zu Hause auf einer Alpweide. Bald schleicht sich ein Hund heran, Krähen landen in der Nähe, zwei Buben tauchen

auf. Sie beobachten uns neugierig. Der kleinere hält einen bieg-
samen Stecken, an dem ein grosser Hula-Hopp-Reifen befestigt
ist. Ob diese Konstruktion zum Spielen dient? Lässt sich damit
etwas einfangen?

Die Knaben sind nicht traditionell gekleidet. Der Grössere
trägt eine Trainingsjacke mit drei weissen Streifen, darunter einen Pullover, eine etwas dunklere Hose mit zwei Streifen und
rote Sandalen, die wie neu aussehen. Auf dem orangen T-Shirt
des Kleinen, das er über einem Pullover trägt, lacht eine aufge-
nähte Sonne. Auch er trägt zweistreifige Trainingshosen und
Sandalen. Die Zehen schauen bereits über den Rand hinaus,
lange werden sie nicht mehr passen. Wir beenden unser Picknick mit einer Tasse Tee.

Beim Auto zeigt mir Pema auf der Karte, die er auf der Motor-
haube ausbreitet, die heutige Route. Nun gibt der ältere Kna-
be den Sicherheitsabstand auf und kommt näher, der jüngere
klebt ihm an den Fersen. Ein kleines Frage- und Antwortspiel
entspinnt sich. Sie sind elf und vier und wohnen dort. Sie zeigen mit den Fingern in Richtung Rastplatz, noch weiter oben.

Landkarten faszinieren, das ist überall so, und sie schaffen
Kontakt, bilden eine Brücke auch ohne Sprache. Der Kleine
wagt sich aus seiner Deckung und streckt den Kopf zwischen
uns hindurch, um ebenfalls einen Blick auf die Karte werfen
zu können. Der Grosse nimmt den Finger zu Hilfe, gleitet von
Buchstabe zu Buchstabe und entziffert «Bhutan». Stolz lächelt
er uns an. Als wir einsteigen und weiterfahren, winken sie uns
lange nach.

Ein paar Wegbiegungen weiter stehen zwei Mädchen an einer
Bushaltestelle und machen Autostopp. Mister Rinsin hält an.
Pema, der wie immer hinten sitzt, kurbelt das Fenster hinunter,
redet mit den Mädchen und steigt dann aus. Ich schätze die
beiden auf vierzehn, fünfzehn Jahre. Sie tragen enge Jeans und
knappe Topps, wie ich es hier noch nicht gesehen habe, ziemlich gewagt, finde ich.

Pema fragt, ob ich einverstanden sei, die Mädchen mitzunehmen, bis zu einer bestimmten Kreuzung, das dauere etwa eine Stunde. Wahrscheinlich fahre heute wegen des Feiertags kein Bus. Die Mädchen setzen sich mit heftigem Gekicher hinten neben Pema. Als ich frage, woher sie kommen, wird es schlagartig still. Ich glaube, sie haben gar nicht bemerkt, dass da vorne ein exotisches Wesen sitzt.

Die Stille bleibt. Pema sagt, die Mädchen seien scheu. Ich probiere es noch einmal und frage nach ihren Namen, eines versteckt das Gesicht hinter den Haaren, das andere senkt den Kopf. Nichts zu machen. Das Verhalten passt so gar nicht zu dem frechen Outfit. Mich nimmt Wunder, warum die Mädchen keine Kira tragen. Die Kira ist die Tracht der Frauen, ein Wickelrock mit Oberteil, und ebenfalls die Schulbekleidung für Mädchen. An Feiertagen, sagt Pema, nützten die jungen Leute die Gelegenheit, sich hübsch zu machen. Er findet es nicht gut, dass die Traditionen mehr und mehr missachtet würden. Früher sei das anders gewesen.

Die Mädchen sind geschminkt, was mir ohne Pemas Hinweis nicht aufgefallen wäre. Er öffnet das Fenster, den Mädchen ist schlecht. Später hält Mister Rinsin an, das Mädchen mit den Haaren vor dem Gesicht steigt aus und erbricht sich am Strassenrand. Noch ist die Fahrt nicht zu Ende.

Später halten wir bei einer Bretterbude an, weil Mister Rinsin frische Betelnuss braucht. Ich nütze die Gelegenheit und gehe mit ihm in den Laden hinein. Es kommt mir vor, als betrete ich eine gemütliche warme Stube an einem Sonntagnachmittag. In der Mitte brennt ein Ofen. Darum herum sitzen Männer, Frauen und Kinder. Was mich veranlasst hat, hier einzutreten, war nicht nur Mister Rinsins Betelnuss sondern auch die weissen Würfel, die auf Schnüre aufgezogen von der Decke baumeln und durch die kleinen Fenster von aussen sichtbar waren.

Die Stimmung ist locker und entspannt. Ich habe nicht das Gefühl zu stören. Es ist eher so, dass ich etwas Abwechslung in ihre Welt bringe. Als ich frage, ob die weissen Würfel an den Schnüren aus Zucker seien, lachen sie heiter. Nein, es ist Käse, getrockneter Frischkäse. Aber ganz falsch liege ich nicht, die Würfel werden als Zwischenverpflegung gegessen, «like sweets», erklärt mir Pema.

Yak-Käsewürfel sollen besser schmecken als jene aus Kuhmilch. Und siehe da, die Frau löst einen Würfel von einer Schnur und gibt ihn mir zum Probieren. Pema sagt ihr, sie müsse ihn waschen. Was sie tut, indem sie etwas Wasser darüber leert. Der Würfel ist steinhart, und ich lerne, dass man ihn im Mund behalten und einspeicheln muss, bis er weich wird. Das dauert ziemlich lange.

Die Mädchen haben draussen im Auto gewartet. Nun sind auch sie neugierig, wie mir der Käse schmeckt. Ich zucke die Schultern. Wie soll ich den Geschmack beschreiben? Mild, etwas rauchig, milchig, zuerst steinhart, dann bröcklig, griessig.

Meine Erklärungen sind Grund zum Lachen. Vor allem für die zwei Mädchen, die wieder munter geworden sind. Pema hat ein paar Würfel gekauft und verteilt sie nun. Nicht für mich, danke! Ich sage, dass es mir geschmeckt hätte, aber nicht so, dass ich mehr davon möchte. Ich hoffe inständig, dass ich keinen Fehler gemacht habe, denn eigentlich weiss ich, dass auch der gewaschene Würfel nicht unseren Hygienevorstellungen entspricht.

An der Kreuzung steigen die Mädchen aus. Oh, sie werden bald zuhause sein. Eine Stunde zu Fuss, das ist nicht weit.

Zurück im Guesthouse begleitet mich eine smarte junge Angestellte ins Zimmer und feuert den Ofen ein. Sie redet englisch wie ein Sturzbach. Doch so schnell wie sie redet, ist sie auch wieder verschwunden. Das Feuer brennt nicht. Alles Hineinpusten hilft nichts. Die Wirtin verspricht mir, jemanden aus der Küche vorbeizuschicken.

Es ist eine freundliche scheue Frau (sie ist schwanger) mit gesunden roten Wangen, die sich zum Anfeuern im Schneidersitz vor den Ofen hockt. Sie hat Anzündmaterial mitgebracht und schichtet alles sorgfältig hinein. Bald brennt es herrlich.

Ich packe meinen Rucksack aus, hänge die Jacke auf, ordne meine Kleider, zähle die sauberen Blusen und überlege, ob es nötig ist, eine zu waschen. Plötzlich merke ich, dass das Zimmer voll Rauch ist. Ich kontrolliere den Ofen. Die Feuerkammer ist zu. Die Fenster sind geschlossen. Das Holz brennt gut. Dann entdeckte ich die Rauchquelle. Das Ofenrohr hat sich aus der Wand gelöst. Die Stelle an der Mauer ist bereits schwarz. Es wird kaum das erste Mal sein, dass dies passiert.

Ich renne die Treppe hinunter, hinaus in den Garten, zur Küche im anderen Gebäude und finde die Frau. Sie versteht sofort und eilt mir voraus. Im Zimmer angekommen schnappt sie sich ein Handtuch und schiebt das Ofenrohr wieder in die Wand. Das Problem ist behoben. Ich lüfte quer, was ich in diesem grossen Zimmer gut tun kann, lasse die schöne Wärme wieder hinaus und die kühle Abendluft herein.

Beim Essen schaut Pema ab und zu nach mir. Ich offeriere ihm und Mister Rinsin einen bhutanischen Whisky. Für Mister Rinsin ist ein Coke okay, als Fahrer trinkt er keinen Alkohol. Beide freuen sich sehr. Ich frage mich, warum mir diese kleine Geste der Anerkennung nicht früher in den Sinn gekommen ist. Mister Rinsin bleibt in der Küche. Pema setzt sich zu mir an den Tisch. Das ist eine Ausnahme und ich merke, dass er sich nicht sehr wohl fühlt.

Ausser uns sind ein englisch sprechendes Paar und die fünfzehnköpfige schweizerische Wandergruppe mit ihrem Bergführer und dem lokalen Guide im Restaurant. Meine Landsleute fühlen sich zuhause.

Pema fragt mich, wie mir das mit dem Essen im Tempel in Ura gefallen habe. Ich antworte, dass ich es als sehr gastfreundlich empfunden hätte, aber ungewohnt, und dass das Sitzen am Boden für viele Touristen sicher recht beschwerlich gewesen sei. «Die meisten können ihre Beine nicht für längere Zeit so falten. Es bereitet ihnen Schmerzen.»

Pema schaut mich nachdenklich an, und ich merke, dass er zögert, seine Meinung preiszugeben. Dann rückt er doch heraus. Er finde, dass der Tempel auf diese Weise entehrt werde. Die Schuhsohlen zu zeigen, sei ein Sakrileg. Ein Buddhist würde das nie tun. Fleisch essen in einem Tempel ist der nächste Verstoss. Klar, ohne Touristen kein Geld und ohne Festival keine Touristen. Der Weg nach Ura ist weit und beschwerlich. Im Tempel zusammen essen, ist etwas Besonderes, was es noch nirgends gibt. Aber ob das die Touristen als einmaliges Privileg wahrnehmen und schätzen, ist die andere Frage. Pema findet, dass man neben dem Tempel ein Zelt hätte aufstellen können. Das hätte den gleichen Zweck erfüllt. Und dann erzählte er mir, was ihn wirklich geschmerzt, verstimmt und wohl auch beleidigt hat.

Er hatte im Tempel eine schwarze gesteppte Daunenjacke, wie sie zur Zeit weltweit Mode ist, über seinen Gho angezogen. Wahrscheinlich war sie das Geschenk eines Gastes. Ich fand sie ausnehmend hübsch und auch vernünftig, da ich mich sowieso gewundert hatte, dass die Männer in Tracht und Kniesocken so mir nichts dir nichts dem kalten Wind draussen standhielten. Beim Essen im Tempel wies ihn nun ein Mönch darauf hin, dass er die Tracht korrekt zu tragen habe. Das hiess, die Jacke auszuziehen.

Auf der einen Seite wird gefrevelt, auf der andern die Einhaltung strenger Regeln gefordert. Das ist nicht richtig. Und jetzt weiss ich auch, warum Pema nach dem Tempelbesuch so plötzlich verschwunden ist. Dass wir nun darüber lachen können, ist gut.

«In der Küche und im Auto ist es immer warm, darum bin ich gern dort», sagt Pema.

Fotos nächste Seite:
Maskentänze in Ura | Kiosk mit Yak-Käsewürfeln

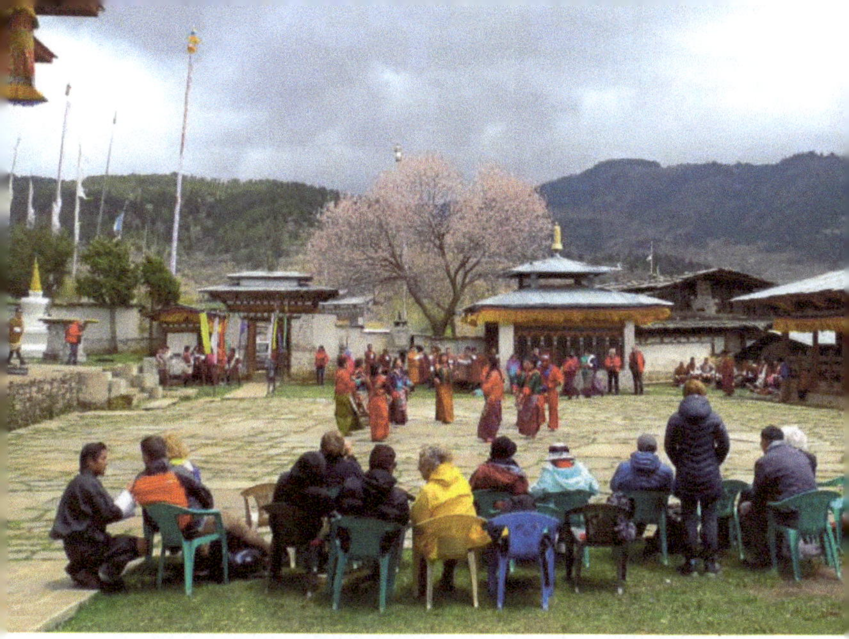

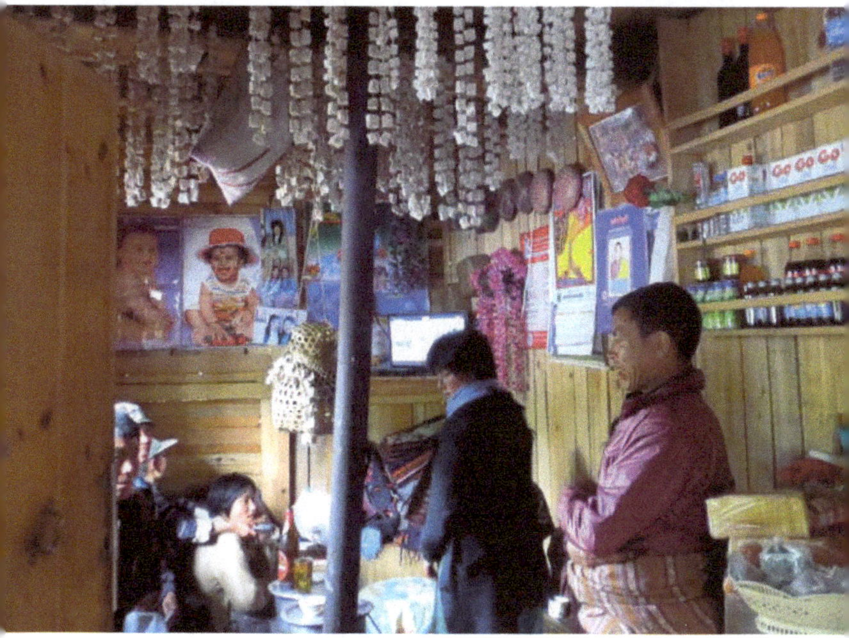
Go Go Go

Das sanfte Hochtal von Phobjikha

Eine unruhige Nacht liegt hinter mir. Der Yakmilch-Käsewür-fel hat meine Eingeweide strapaziert. Was ich tun konnte, war ein Imodium schlucken und den Kopf schütteln über meine Dummheit. Sie könnte mir die verbleibenden Tage verderben!

Ura war der östlichste Punkt der Reise, und somit befinden wir uns seit gestern Nachmittag auf der Rückfahrt. Auf demselben Weg, der uns hergeführt hat, fahren wir von Jakar wieder Richtung Trongsa. Bei der Hinfahrt war der Himmel trüb, jetzt ist er blau mit vereinzelten weissen Wolken.

Auf dem Yotong-La (3425 m ü. M.) spaziere ich durch einen veritablen Stangenwald von Gebetsfahnen. Im Gegensatz zu den kleinen farbigen Quadraten, die an Schnüren flattern, gibt es oft, wie hier auf dieser Anhöhe, vier bis fünf Meter hohe Holzstangen mit schmalen, einfarbigen, in Längsrichtung befestigten Flaggen. Sie werden an windreichen Stellen für die Verstorbenen aufgestellt.

Gebetsmühlen und Fahnen wirken – vereinfacht ausgedrückt – nach demselben Prinzip. Durch das Drehen oder Flattern werden die Gebete, die auf den Fahnen aufgedruckt sind oder in Mühlen auf Zetteln geschrieben stehen, bewegt und «ausgelöst». Es betet sozusagen automatisch.

Mitten in diesem Fahnenwald weidet eine Kuh. Wir beobachten uns eine Weile. Die frische, kühle Luft belebt mich. Glücklicherweise verhalten sich meine Eingeweide ruhig und so werde ich die Fahrt ins Hochtal von Phobjikha hoffentlich problemlos überstehen.

Die Strasse führt durch eine fruchtbare Hochebene mit kleinen Ansiedlungen, die mich schon auf dem Hinweg fasziniert haben. Wohnhäuser mit Gemüsegärten rundum, kleine Äcker und Felder, Zäune, Obstbäume, Häuser im Bau, ein Sägewerk mit Holzlager und Schreinerei. Auf meinen Wunsch hin halten wir an, so kann ich die Sägerei genauer anschauen.

Durch Pemas Erklärungen verstehe ich, was eine mobile Bandsäge ist und wofür sie eingesetzt wird. Geschützt unter einem Wellblechdach kann sie alle Arten von Brettern sägen, dicke Pfosten und ebenso dünne Latten.

In Trongsa besuchen wir den grossen Dzong, für den es auf dem Hinweg nicht gereicht hat. Im Innenhof begegnen uns zwei alte Frauen, die mir etwas zurufen. Pema nimmt sich ihrer an. Dass sie mich immer wieder spöttisch anschauen, heisst, dass ich ihr Gesprächsthema bin. Pema erklärt mir, dass sie nach meinem Alter gefragt hätten, warum ich allein unterwegs sei, ob ich keinen Mann und keine Freunde hätte.

Bei der Brücke, bevor wir den Fluss überqueren, meldet uns Pema am Kontrollposten des Distrikts ab. Auf dem Blechdach des kleinen Hauses liegt nun kein Fleisch mehr zum Trocknen.

Von der andern Seite des Tales blicken wir ein letztes Mal auf Trongsa hinüber. Die Strasse führt an Rukubji vorbei auf den Pele-La und weiter durch die waldreiche Gegend.

Am Rand eines langen geraden Strassenstücks spielen ein paar junge Männer Dart. Das Ziel ist keine Scheibe sondern ein flacher schräggestellter Stein. Natürlich möchte ich mir das genau anschauen. Die Schusslinie verläuft entlang der Strasse und beträgt (im Nachhinein geschätzt) etwa 50 Meter. Die Wurfpfeile werden mit grosser Kraft und vollem Körpereinsatz aus der Hand geschleudert und von eindrücklichem Geschrei begleitet. Was mich am meisten erschreckt und ebenso fasziniert, ist, dass einer der jungen Männer seelenruhig unmittelbar neben dem Ziel steht und das Einschlagen der Pfeile beurteilt. Die Männer treffen ziemlich genau. Die Geschosse bohren sich gleich vor dem Stein in die Erde.

Ich versuche die Szene zu filmen, bin jedoch viel zu langsam, um der Parabel der Pfeile zu folgen. Nachdem wir dem Spektakel eine Weile zugeschaut haben, verabschieden wir uns und steigen wieder ein. Und weiter geht es auf der kurvenreichen, holperigen Strasse.

Überraschend plötzlich breitet sich das fruchtbare Hochtal von Phobjikha vor uns aus. Es liegt sanft, wie eine weite Schale in der Landschaft. Unbeschreiblich schön.

An der Strasse, die zum Guesthouse führt, werden seitliche Abflussgräben ausgehoben. Der Weg wird immer buckliger und lehmiger, was Mister Rinsin beim Fahren viel Geduld und Geschick abverlangt.

Das Guesthouse «Yue Loki» ist ein schmales Gebäude in traditioneller Bauweise, zweigeschossig, mit je fünf Zimmern in einer Reihe. Küche und Speiseraum sind in einem separaten Bau untergebracht. Die Zimmer im Obergeschoss sind an der Längsseite des Gebäudes durch eine Galerie zugänglich. Ich beziehe die Nummer zwei.

Der Eingangsbereich ist mit einem Vorhang aus Wolldecken abgetrennt. Er dient als Windfang. Ich schiebe ihn beiseite und stehe in einem grosszügigen Zimmer. Der Raum ist mit Holz getäfert, ein kleiner länglicher Metallofen dient zum Heizen. Links steht ein Sofa, rechts ein kleiner Tisch, an der Fensterfront zwei grosse Betten. Auch das Badezimmer ist gross. Ein Boiler sorgt für heisses Wasser. Der Regendusche traue ich vorerst nicht und begnüge mich mit Waschen am Lavabo. Später stelle ich fest, dass sie gut funktioniert, und dass das Wasser heiss ist, auch wenn der Strom ausfällt, was öfter geschehen wird. Die Küche läuft mit Solarstrom, somit gibt es keine Probleme beim Kochen. An diesem ersten Abend jedoch werde ich gebeten, im Zimmer zu essen. Vermutlich bin ich der einzige Gast.

Pema heizt den Ofen ein. Knapp drei Scheite haben in der Feuerkammer Platz. Späne und ein Anzündpulver bringen das Holz zum Brennen.

Eine liebenswürdige junge, sehr scheue Frau bringt mir das Essen und stellt die verschiedenen Schalen auf den Tisch. Reis, drei Sorten Gemüse, gehacktes Fleisch, Spaghetti mit etwas Tomatenmark vermischt. Teigwaren, das habe ich bereits beobachtet, dienen als Beilage. Vegetarisch essen zu wollen, habe ich aufgegeben, und etwas stehenzulassen, behagt mir ebenfalls nicht – ausser das Weisse vom Speck.

Ich geniesse das Essen und die warme Gemütlichkeit, mache Notizen in mein Heft und bin sehr zufrieden mit dem Tag und den Erlebnissen. Ich weiss nicht, ob der leichte Kopfschmerz von der langen Fahrt oder der Höhe herrührt, Phobjikha liegt auf 2800 m ü. M.

Eine gute Nacht im wohl besten Bett auf dieser Reise erwartet mich. Warme Decke, gutes Kopfkissen und die Matratze richtig in der Festigkeit. Ich frage mich, wie lange diese Idylle, die mir hier überall begegnet, noch bestehen wird. Der Gedanke beschäftigt mich beim Einschlafen. Wenn die Touristenzahlen weiterhin so rasant zunehmen, befürchte ich, dass den Einheimischen ihre natürliche und liebenswürdige Freundlichkeit abhanden kommt. Die Besucher sind fordernd, das habe ich beobachtet, sie haben nicht immer Verständnis dafür, dass ihre Wünsche manchmal nicht oder falsch verstanden werden. Wie lange soll man auf eine Tasse Tee warten müssen, bevor man ungeduldig werden darf? Der Tee wird immer frisch zubereitet, das braucht seine Zeit und dauert bis zu zwanzig Minuten. Woran sollen die Einheimischen, die nur ihre eigene Welt kennen, die nie im Ausland waren, unsere Erwartungen messen? An ihrem einfachen Leben?

Fotos nächste Seite:
Auf dem Yotong-La | Fruchtbare Landschaft unterwegs nach Trongsa

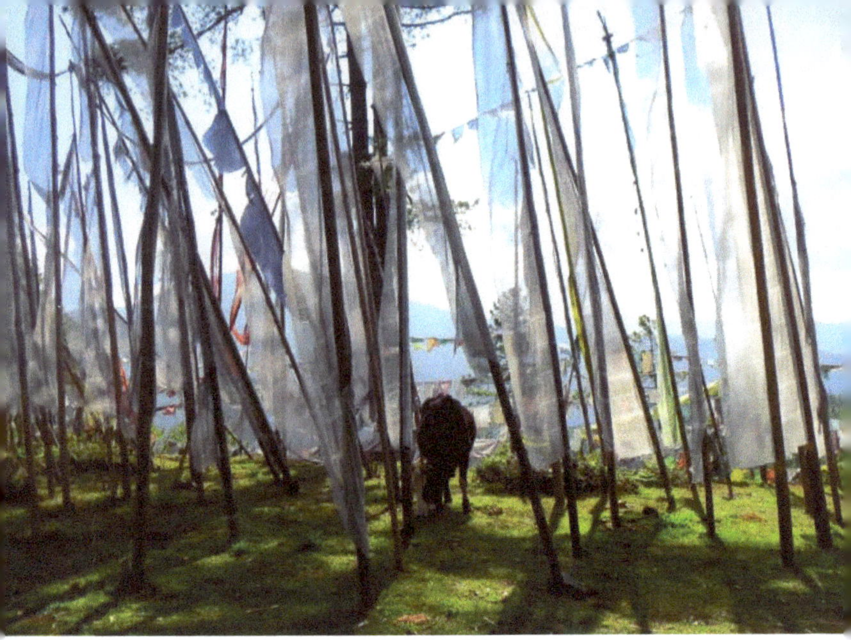

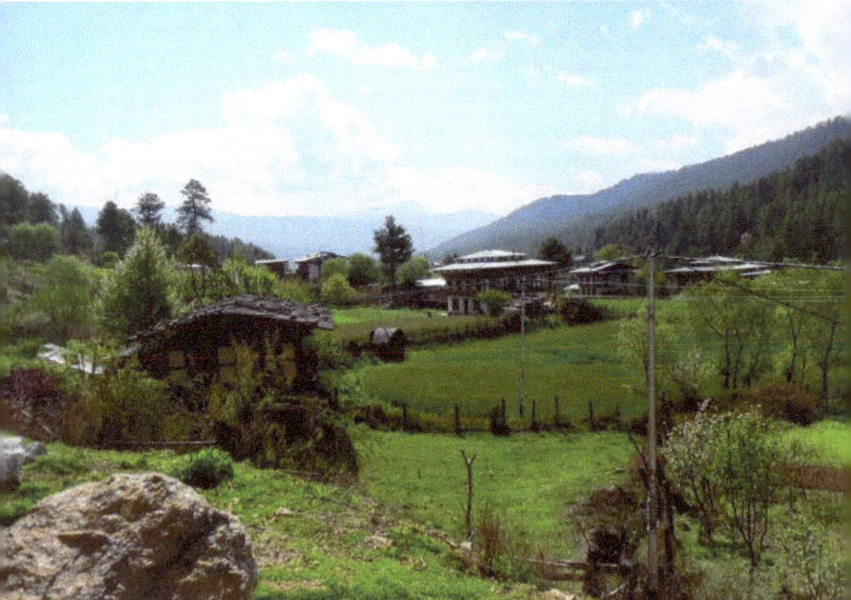

Blühende Rhododendren

Ein Blick aus dem Fenster stimmt mich froh. Der Himmel ist leicht bewölkt, die Sonne scheint. Vor mir liegt die schöne fruchtbare Landschaft begrenzt von der waldigen Hügelkette am Horizont. Unterhalb des Hotels steht eine Scheune mit geflicktem Wellblechdach, ein roter Geländewagen davor. Ein Acker mit Setzlingen, umgeben von einem Lattenzaun, dahinter ein Obstgarten, der das Grundstück zum Nachbarhaus hin begrenzt. Von dort kommt ein junger Mann, er trägt eine schwarz-weiss karierte Baumwollhose und ein weisses T-Shirt. Beim Näherkommen erkenne ich Pema. Ich nehme an, dass er im Nachbarhaus übernachtet hat.

Nach dem Frühstück stehe ich in Wanderschuhen bereit. Heute unternehmen wir ein Trekking. Pema trägt ebenfalls Wanderschuhe. So nehme ich an, dass es mehr als ein Spaziergang werden wird. Die Temperatur ist mit 18 °C angenehm frisch.

Beschwingt wandern wir ins Dorf hinunter, nach links, zuerst auf der Lehmstrasse, danach über einen Feldweg. Wie immer, wenn wir Leuten begegnen, bleiben wir stehen. Pema unterhält sich mit ihnen, es wird gelacht. Er trägt einen orange-gelb-braun karierten Gho. Im Gurt steckt eine Machete. Er zeigt sie mir. Sie ist Bestandteil der Tracht. In der Stadt verwendet sie keiner mehr, es würde lächerlich wirken. Heute jedoch, sagt er mir, sei diese Waffe sinnvoll, da es in den Wäldern immer noch Bären und Tiger gebe.

Den ersten Zaun überklettern wir, weitere folgen. Der Weg führt leicht bergan. Schon schlüpft Pema aus den Ärmeln seines Ghos und stülpt das Oberteil nach unten. Er trägt ein frisches blaues Hemd. Bald gelangen wir zu einem Dorf, das aus ein paar verstreuten Häusern und einem kleinen Tempel besteht. Im Hof des Tempels steigen wir über eine Schwelle ins Innere und klettern die Leiter hoch in den oberen Stock. Zufällig findet dort eine Zeremonie statt. Eine grosse Familie ist versammelt, um ein Neugeborenes segnen zu lassen.

Der Raum ist übervoll. Freundlich lächelnd wird mir Platz gemacht, so dass ich zuschauen kann.

Der Vater (in meinen Augen ein sehr junger Bursche) steht zuvorderst und hält das Kind auf den Armen. Nacheinander überreichen die Angehörigen dem Lama ihre Gaben. Es sind Schalen voll Reis, Päckchen mit Chips, Nüsse, Biskuits, getrocknetes Fleisch, viele verschiedene Esswaren. Er bringt sie zum Altar. Diesen heiligen Bereich zu betreten ist den Männern vorbehalten. Nachdem der Säugling mit Wasser aus einem Kännchen gesegnet worden ist, begibt sich die Familie nach draussen in den Hof zum Fotografieren.

Obwohl sich Pema Mühe gibt, mir alles zu erklären, streikt mein Verstand. Dass man Schalen voll Reiskörner in den Tempel bringt, kann ich verstehen, aber Beutel mit süssen und salzigen Knabbereien und grosse Stücke getrockneten Fleisches – was haben diese Snacks, was haben Fleischstücke in einem buddhistischen Tempel verloren? Wozu soll das gut sein, was wird damit gemacht?

Wieder unterwegs, probiert Pema, mir den Sachverhalt noch einmal zu erklären. Die Speisen sind Opfergaben. Jeder bringt, was er kann. Die Gaben werden vom Lama gesegnet und danach wieder verteilt. Aha! Nun macht es Klick. Die Leute können die gesegneten Speisen selber wieder abholen, oder aber sie werden verschenkt. Es findet gleichsam eine Umverteilung statt. Abgepackte Snacks und Süssigkeiten sind als Opfergaben besonders geeignet, weil sie lange haltbar sind und die Leute Junkfood mögen. Junkfood ist Luxus.

Ich bitte Pema, mir noch einmal zu erklären, warum Buddhisten keine Tiere töten, jedoch Fleisch essen dürfen. Auch das geht in meiner Logik nicht auf. In dem Moment, in dem Pema es mir erklärt, verstehe ich es, aber schon kurze Zeit später, wenn ich darüber nachdenke, spielt mir die Logik wieder einen Streich.

«Jemand muss die Tiere doch töten, wer tut das?»

«Das sind die Unwissenden. Unwissen ist keine Sünde. Aber Wissen und dennoch töten, das ist Sünde.»

Pema stellt mir eine Frage: «Wenn ein Tier tot ist, was ist schlecht daran, sein Fleisch zu essen? Soll man es verrotten lassen?»

Dann lächelt er und sagt, sie seien auch nur Menschen und oft hungrig. Fleisch schmecke ihnen, und ihre Mägen seien fähig Fleisch zu verdauen. Ein Tier töten, bedeute ebenso, es aus dem Kreislauf vom Leiden als Tier zu erlösen. Das sei nicht nur schlecht.

Wir gewinnen an Höhe und wandern an einem Dorf mit schönen Gärten vorbei. Alles ist gepflegt, Blumen ums Haus, es zeigt sich eine Sorgfalt im Detail, die nicht selbstverständlich ist. Überall wo uns Menschen begegnen, werden freundliche Worte gewechselt. Natürlich sind es immer die gleichen Fragen: Woher ich käme, wie alt ich sei, ob ich keinen Mann hätte. Gern empfehlen sie uns Abkürzungen oder einen besseren Weg. Da es keine Wanderkarten gibt wie bei uns zuhause, scheint dies äusserst hilfreich und nötig zu sein.

Auf einem schmalen Pfad, noch immer aufwärts, springt Pema plötzlich ins Gebüsch, hackt einen Ast von einem Strauch und schnitzt mir einen Wanderstock zurecht – mit Handgriff. Es ist ein spezieller Strauch, der sich für solches eignet, mit langen, geraden Ästen. Der Stock soll mir den Aufstieg erleichtern.

Es ist recht warm geworden, der Weg wird steiler. Die Hänge sind bedeckt von Rhododendren, die hier wachsen wie Alpenrosen. Sie sind jedoch um einiges höher. Rote Blüten, so weit das Auge reicht. Unterhalb der höchsten Stelle des Übergangs, die mit Gebetsfahnen geschmückt ist, gibt es zwei Sitzbänke, gerade zur rechten Zeit, sind wir doch bereits zweieinhalb

Stunden unterwegs. Wir essen eine Kleinigkeit, dazu gibt es Fruchtsaft.

Bald erreichen wir den Bergkamm. Durch die Baumwipfel zeigt sich ein Stück weiss schimmerndes Himalaja-Gebirge. Der Anblick trifft mich völlig unerwartet, löst Ehrfurcht und Freude aus. Ich bin geradezu ergriffen. Vielleicht von der Einmaligkeit des Moments. Dass sich keine Sekunde des Lebens wiederholt, ist mir klarer als je zuvor.

Dann wandern wir talwärts durch einen Urwald, einen verwunschenen Zauberwald mit grossen, knorrigen, verwachsenen und mit Flechten behangenen Rhododendren. Unerwartet tauchen zwei Männer vor uns auf. Ein Guide mit seinem Gast. Pema bleibt stehen und unterhält sich mit seinem Kollegen. Wir, zwei Fremdlinge, schauen aneinander vorbei und gehen ein paar Schritte weiter, jeder in seine Richtung. Warum wir uns so verschlossen begegnen, weiss ich nicht – noch nicht.

Pema erzählt mir nachher, dass dieser junge Russe ein «Reicher» sei, ein Luxustourist. Die gäben 2000 Dollar pro Tag aus. Da seien sogar die Drinks inbegriffen. Er schüttelt den Kopf. Als Guide sei es schwierig solche Gäste zufriedenzustellen.

Ich lächle vor mich hin. Auf dieser Wanderung erlebt der Reiche nichts anderes als ich – einfach zehnmal teurer. Wahrscheinlich habe ich die Einmaligkeit seines Abenteuers gestört. Anstatt eines Bären oder Tigers kreuzt eine Frau seinen Weg.

Das Rascheln im Dickicht, das mich ab und zu erschreckt, stammt von einzelnen Yaks, die auf der Suche nach Futter sind. Dort, wo der Wald in Weideland übergeht, begegnet uns der Hirte. Weiter unten sehen wir die noch helle, neu gebaute Strasse. Sie hört wie abgeschnitten auf. Bis dorthin konnte Mister Rinsin fahren. Als er uns entdeckt, steigt er aus und winkt.

In Rukubji, wo wir bereits zu Beginn unserer Reise vorbeigekommen sind und ebenfalls gestern auf der Rückfahrt von

Jakar über den Bumthang-Ura-Highway, werden wir nun zu Mittag essen. Es ist ein schöner Ort, mit einer guten Sicht. Wie ich erfahre, heisst das Lokal «Tushita».

Zuerst breiten wir die Landkarte auf dem Tisch aus. Nun ist mir klar, welche Strecke wir gewandert sind. Wir haben die Bergkette überquert, die zwischen Phobjikha und dem Bumthang-Ura-Highway liegt.

Wieder werden verschiedene Speisen vor mich hingestellt. Pema und Mister Rinsin servieren mir die Gerichte, was mir zuerst gar nicht auffällt. Diesmal gibt es nebst Gemüsen ein Ragout aus getrocknetem Rindfleisch, das ich unbedingt probieren soll. Mein Interesse an den Fleischstücken, die zum Trocknen auf den heissen Wellblechdächern ausgelegt waren, wurde so interpretiert, dass ich dieses Fleisch gern probieren möchte.

Es schmeckt sehr gut, das muss ich zugeben. Das eingeweichte, faserige Fleisch wird kleingeschnitten und würzig gekocht. Und nun, ich wundere mich abermals, serviert mir Mister Rinsin höchstpersönlich den berühmten weissen Speck. Im Gegensatz zu den vorherigen Malen ist er zuerst getrocknet und erst danach gekocht worden. So soll er noch viel besser schmecken. «Oh je!» Mister Rinsin legt die Arme auf den Rücken und bleibt am Tisch stehen. Er blickt mich erwartungsfroh an und beobachtet mich genau, als ich ein Stück probiere. Der Speck schmeckt geräuchert. Ich kann nicht anders, als ihn zu loben – und zu essen.

Nun erklärt mir Pema, dass Mister Rinsin für mich gekocht hat. Zuerst glaube ich, falsch zu verstehen. Aber nein, Mister Rinsin hat tatsächlich gekocht. Er hat gekocht, weil der Koch krank ist, und weil wir in dieser Gegend sonst nirgends essen könnten. Der umsichtige, ruhige Mister Rinsin, so erfahre ich nun, ist Koch von Beruf und hat in dieser Funktion jahrelang Trekkings begleitet. Fahrer ist sein Zweitberuf.

Wir fahren zurück nach Phobjikha. Es ist bereits 16 Uhr, doch wir sind noch unternehmungslustig. So besuchen wir das auf einem Hügel gelegene «Gangtey Monastery».

Wieder behauptet Pema, dass ich ihm Glück bringe. Gerade heute findet ein besonderer Anlass statt. Zu Ehren eines Heiligen (einer Reinkarnation), haben sich tausend Mönche versammelt. Der heilige Mann ist im Kloster zu Gast. Bereits draussen hören wir über Lautsprecher die Rezitationen.

Meine zwei Spenden, die ich am Eingang mache, eine für mich und eine (wie mir Pema empfiehlt) für meinen Mann, bekomme ich schriftlich bestätigt. Die Spenden haben an diesem speziellen Tag den hundertfachen Wert. Das soll sich positiv auf mein Karma und das meines Mannes auswirken.

Zufällig sind noch zwei andere Touristen da. Wen wunderts? Der Russe mit seiner Frau! Er schaut auch diesmal an mir vorbei, als ob ich nicht existieren würde. Ob seine Spende den tausendfachen Wert hat?

Im Tempel macht Pema vor den verschiedenen Altaren jeweils seine zehn Niederwerfungen (Prostrations), ehrfürchtig und ernsthaft. Danach dürfen wir das Zelt betreten, wo die Zeremonie stattfindet.

Die vielen Mönche sitzen in langen Reihen auf Teppichen seitlich vom Mittelgang. An der Stirnseite des Zelts ist eine als Tempel ausgestaltete Bühne aufgebaut, dort befindet sich der Ehrenplatz mit dem Inkarnierten. Er hat heute seinen sechzigsten Geburtstag. Ein Mönch lädt uns ein, auf einer Bank an der Seitenwand des Zelts Platz zu nehmen. Wann immer etwas geschieht verändert sich die Flöten- und Trommelmusik in Lautstärke und Rhythmus.

Einmal geht eine Gruppe von Bittstellern nach vorne. Es sind alte Männer, die in Zukunft als Mönche leben möchten. Sie bringen Geschenke mit. Auch andere Besucher, Frauen und Männer, Junge und Alte, bringen ihre Bitten vor und übergeben Geschenke. Die Atmosphäre wirkt einlullend, sie macht mich ruhig und andächtig. Irgendwann wird den Mönchen Tee ausgeschenkt. Frauen mit grossen Eimern und Schöpfkellen gehen durch die Reihen. Die Mönche ziehen ihre Trinkschalen aus den Gewändern. Zu meiner Überraschung bekommen auch wir eine Tasse Tee serviert. Zwischendurch nimmt Pema Telefonanrufe entgegen und redet diskret in den Ausschnitt seines Ghos hinein. Da die Tracht vorne wie ein Kimono übereinandergeschlagen und mit einem Stoffgurt gebunden wird, bildet sich in der Magengegend eine Einschubtasche, die für allerhand Brauchbares Platz bietet: Papier, Schreibstifte, Geld, Telefon, Trink- und Essschale.

Als wir den Tempel verlassen, hat uns das geschäftige Leben wieder. Wir spazieren zu Fuss die Strasse hinunter, ein paar Verkaufsstände, Kinder, Autos, die vom Klosterparkplatz wegfahren. Ein Haus im Bau weckt meine Aufmerksamkeit. Ich kann beobachten, wie die Lehmmauern entstehen. Das Fundament besteht aus Natursteinen, darauf werden Holzverschalungen befestigt und mit Lehm gefüllt. Dieser wird von zwei Frauen mit einem Stössel gestampft. Die Mauern sind bereits zwei Meter hoch, das Türgericht und die dreiteiligen Fensterrahmen sind eingelassen. Stampfen ist Frauensache, Lehmschaufeln Männerarbeit. Die Grundfläche des Hauses beträgt etwa 30 m². Die Frauen geben uns bereitwillig Auskunft. Sie bauen das Haus für sich.

Pema übersetzt. Lehm ist ein teures Baumaterial, weil es von weit her mit einem Lastwagen transportiert werden muss. Lehmwände isolieren besser als Stein.

Es begeistert mich, dass die zwei Frauen ihr eigenes Haus bauen. Wer könnte das bei uns schon? Doch Pema relativiert sofort. Sie helfen mit. Das Haus gehört der Familie, das heisst, dass es eigentlich die Männer sind, die es bauen.

Weiter unten versammeln sich Leute um einen Lastwagen herum. Ein Mann gestikuliert. Über, oder besser gesagt, knapp vor dem Lastwagen geht eine Leitung über die Strasse. So wie es aussieht, passt das Fahrzeug mit seiner hohen, unförmigen Last nicht untendurch. Der Fahrer springt aus der Kabine, schaut sich die Sache an und steigt wieder ein. Sein Gehilfe klettert auf die Plane, mit der die Last zugedeckt ist. Die Menschen reden aufgeregt und rufen ihm etwas zu. Und ich glaube zu erraten, was los ist, sie wollen ihn warnen. Wenn das nur kein Stromkabel ist. Mir bleibt der Atem weg. Nun hebt der Gehilfe das bereits arg gespannte Kabel noch weiter an, so dass der Lastwagen Stück für Stück darunter hindurch fahren kann. Alles geht gut!

War das nun ein Stromkabel oder nicht? Pema weiss auch keine Antwort. Die Zuschauer entfernen sich, das Leben geht weiter. Natürlich, als ich später darüber nachdenke, ist mir klar, es war ein isoliertes Kabel, das man gefahrlos anfassen konnte.

Im Speiseraum werde ich gebeten, mich an einen Zweiertisch zu setzen. Schon bald taucht meine Zimmernachbarin auf, mit der ich Wand an Wand schlafe. Ich kenne bereits ihre Geräusche, die ich durch die dünnen Holzlatten hören konnte. Nun stellt sie sich vor. Sie ist fünfundsiebzig, kommt aus Melbourne, unternimmt ab und zu eine Reise, wenn ihr die Decke auf den Kopf zu fallen droht.

Wir unterhalten uns auf eine angenehme, unangestrengte Weise. Ebenfalls anwesend ist eine achtköpfige japanische Gruppe. Ab und zu kommen die Guides herein, um zu schauen, ob alles in Ordnung ist. Etwas Neugier ist dabei, das merken wir.

Als ich mich, zurück in meinem Zimmer, an den Tisch setze, um meine Reisenotizen nachzuführen, fällt der Strom aus. Die Stirnlampe ist nicht weit. Bald klopft es an die Tür und die junge scheue Frau bringt mir eine Kerze. Sie sagt etwas, das ich nicht verstehe, und sie versteht nicht, dass ich sie nicht verstehe. Doch bald brennt die Kerze und verbreitet ihr mildes Licht. Von draussen dringen Musik und Lachen herauf. Es geht fröhlich zu und her.

Bald liege ich in meinem weichen, komfortablen Bett und muss schnell eingeschlafen sein. Irgendwann weckt mich das Klingelzeichen einer Message. Ich werfe einen Blick auf den Text. Mein Mann will wissen, wie es mir geht. Ich werde morgen antworten. Es ist halb elf. Da ich nun wach bin, gehe ich schon mal auf die Toilette. Licht brauche ich nicht dazu. Durch die einfachen Bretterwände und -böden höre ich Stimmen und denke, dass da noch ein paar Männer zusammensitzen und rauchen. Auf dem Tisch liegt der Batterielader, das rote Lämpchen leuchtet seltsam verschwommen, wie durch Nebel. Nun mache ich Licht und entdecke mit Schrecken, dass mein Zimmer mit dichtem Rauch gefüllt ist. Am Ofen kann es nicht liegen, das Feuer brennt noch, der Kamin zieht. Was denn?

Ich öffne das Fenster und eine ganze Rauchschwade zieht herein. Ich beuge mich vor und sehe, dass im ebenerdigen Zimmer, das sich unter mir befindet, ein Mann auf der Türschwelle sitzt. Schnell ziehe ich eine Jacke über mein Pyjama an, gehe hinaus und ums Haus herum. Ich sehe gerade, wie der Mann ein brennendes Holzscheit ins Gras wirft. Der dichte Rauch stammt eindeutig aus seinem Zimmer. Ich frage ihn, ob er Hilfe brauche, ob ich jemanden vom Hotel rufen solle.

«Nein, danke, alles in Ordnung!»

Unschlüssig kehre ich ins Zimmer zurück, lasse die Tür und alle Fenster offen, so dass die frische Luft gut durchziehen kann. Doch es will nicht aufhören mit dem Rauch. Ich vermute, dass er durch die Bodenritzen zu mir herauf dringt. In meiner Not, weiss ich mir nicht anders zu helfen, als Pema um Hilfe zu bitten.

Es ist ein Glück, dass ich weiss, wo er schläft. Da ich gestern Morgen von meinem Fenster aus beobachtet hatte, wie er in seiner karierten Pyjamahose aus dem Nachbarhaus herüberkam, fragte ich ihn später, als wir unterwegs waren, wie es mit den Unterkünften der Guides geregelt sei. Meistens, erklärte Pema, würden sie in einfachen Unterkünften in der Nähe logieren, manchmal gäbe es Zimmer in den Hotels. Hier durften sie für die zweite Nacht ein Gästezimmer beziehen, was die beiden sehr freute.

Also weiss ich nun, wo ich anklopfen muss. Ein verschlafener Mister Rinsin öffnet die Tür und holt den verstrubbelten Pema in seiner karierten Pyjamahose herbei.

Pema begreift schnell worum es geht und eilt mir voraus. Im Zimmer angelangt geht er ins Bad, nimmt ein Badetuch, peitscht es durch die Luft, damit etwas Zug entsteht und sich der Rauch bewegt. Das hilft erstaunlich gut.

Danach geht auch er nach unten ums Haus herum zu dem Mann, der immer noch draussen sitzt. Ich höre, dass sie miteinander reden. Bald kehrt Pema zurück und sagt, dass nun alles in Ordnung sei. Doch er finde es unanständig, dass die Männer so gelärmt hätten. Die Menschen hier gehen früh schlafen. Um neun ist es normalerweise still, man hört nur noch die Hunde bellen.

Ich lasse die Fenster offen. Zwei-, dreimal erwache ich und sehe Rauch, wenn ich die Augen öffne, obwohl gar keiner mehr da ist. Das wird mir auch in den folgenden Nächten noch ein paarmal passieren.

Fotos nächste Seite:
Zufahrt zum Kloster Gangtey | Frauen beim Hausbau

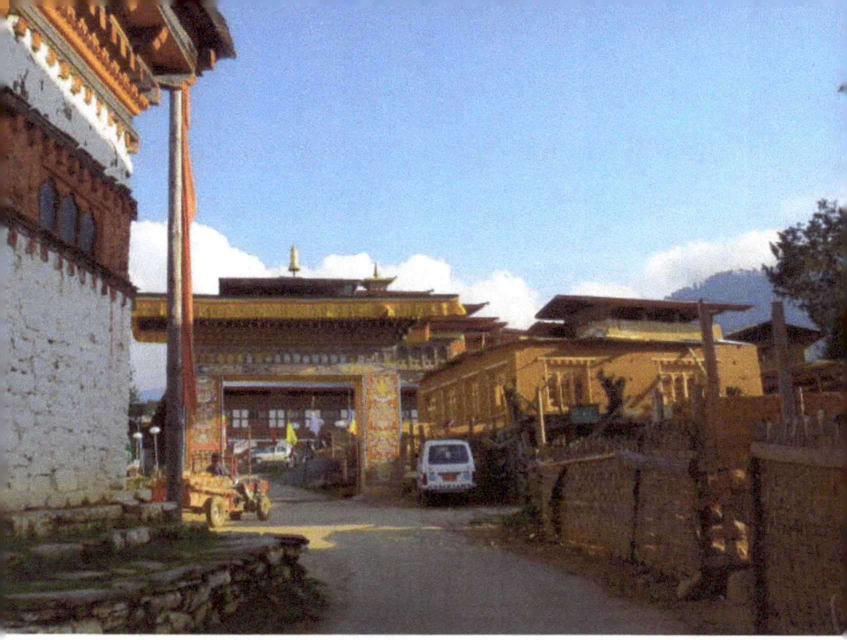

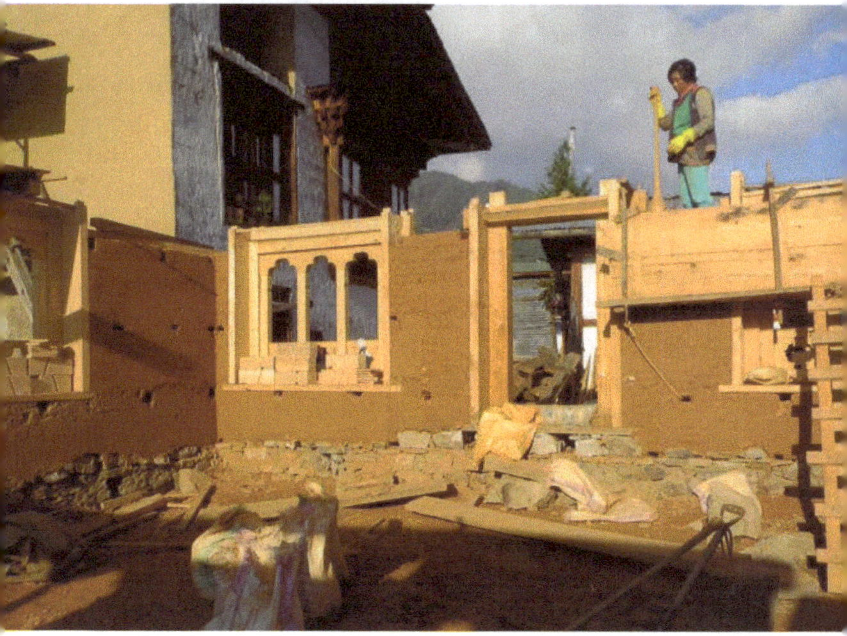

Im Tal der Schwarzhalskraniche

Pema will mir heute die Dorfschule zeigen. Unterwegs kaufen wir in einem kleinen Laden Bleistifte und Radiergummis als Gastgeschenke ein. Wir sind früh unterwegs. Normalerweise findet vor Unterrichtsbeginn eine Morgenversammlung statt. Die wollen wir nicht verpassen. Ausgerechnet heute fällt sie aus. Dass ich vor der Reise einen Dokumentarfilm darüber gesehen habe, tröstet mich ein wenig.

Wir sind eingeladen, ein Klassenzimmer zu besuchen. Die Kinder haben sich bereits versammelt, obwohl der Unterricht noch nicht begonnen hat. Verteilt an drei grossen Tischen sitzen die Sechstklässler, etwa dreissig Buben und Mädchen, auf Bänken. Frontalunterricht existiert auch hier nicht mehr. Die Knaben tragen einen violett-grün karierten Gho. Die Kira der Mädchen besteht aus demselben Stoff, dazu tragen sie ein dunkelgrünes Oberteil mit rotem Kragen und Ärmelaufschlägen. Die einen schreiben, die andern lesen in Heften oder Büchern.

Der Lehrer ist freundlich und zurückhaltend. Pema leitet ein paar Fragen an ihn weiter und bald führen wir ein direktes und interessantes Gespräch über Lernen, Fleiss und Leistung. Die Kinder übernehmen die Verteilung der Bleistifte und Radiergummis. Sie freuen sich darüber. Als der Unterricht beginnt, verabschieden wir uns.

Pema fragt mich, wie mir der Tempelbesuch gestern gefallen hat, und ob ich noch einmal hingehen möchte. Noch so gern. In der frischen Morgenluft spazieren wir von der Schule zum Gangtey-Kloster hinauf, das auf einem Hügel liegt.

Wieder beginnt Pema bei den verschiedenen Altären mit seinen Niederwerfungen. Ich bleibe im Hintergrund. Er redet gern mit den Mönchen und sagt mir, es gebe immer wieder Interessantes zu lernen. Nun erklärt er mir, dass es Sünde sei, eine Legende falsch zu erzählen. Darum will er immer ganz sicher sein, dass das, was er weitergibt, korrekt ist. Die Legenden, die sich im Lauf der Jahrhunderte gebildet haben, sind komplizierte Geschichten mit vielen Reinkarnationen und üppigen Wundern. – Daran kann man sich also versündigen? Durch Nichtwissen, durch Ungenauigkeiten?

Wie es Brauch ist, lege ich bei den Altären kleine Geldscheine in die Opferschalen und werde dafür gesegnet. Der «diensthabende» Mönch giesst etwas Wasser aus einer silbernen Kanne in meine Hände. Ich schlürfe es aus und streiche mir den Rest über den Scheitel. So habe ich es bei Pema und andern Gläubigen beobachtet. Das Wasser schmeckt moosig. Da es gesegnet ist, soll man davon nicht krank werden. Das glaube ich jetzt einfach.

Danach begeben wir uns zum grossen Zelt, setzen uns auf die Besucherbank und übergeben uns der Atmosphäre. Ich erkenne einen der alten Männer aus der Gruppe von Bittstellern, die gestern ihre Geschenke dargebracht haben. Pema vertraut meinem Gedächtnis nicht ganz und fragt den Mann, ob das stimmen könne. Dieser freut sich sehr, dass ich mich an ihn erinnere, und nickt mir freundlich zu.

Ich habs ja gewusst! Doch ich verrate Pema nicht, dass mir die langen, in die Kniesocken gestopften, weissen Unterhosen als Erkennungsmerkmal gedient haben. Die Männer sind von Frühling bis Herbst angehalten, zur Tracht keine langen Beinkleider zu tragen. Davon ausgenommen sind Alte oder Kranke. Man sieht es relativ selten, darum ist es mir aufgefallen.

Der Singsang der Gebete entspannt mich und macht mich gleichzeitig melancholisch und nachdenklich. Wieder servieren uns Frauen heissen, süssen Milch-Tee. Pema unterhält sich mit einzelnen Mönchen, und ich werde mit freundlichen Blicken bedacht. Später erzählt er mir, einer habe gesagt, Reiseleiter sei wohl einer der interessantesten Berufe. Durch die Besucher lerne man die ganze Welt kennen. Ich merke, dass sich Pema über dieses wertschätzende Kompliment sehr gefreut hat.

Gegen Mittag, nach einer ruhigen und erholsamen Stunde verlassen wir den Tempel. Essen ist wichtig, das dürfen wir nicht verpassen. So wandern wir vom Kloster ins Tal der Schwarzhalskraniche, die zu dieser Jahreszeit jedoch bereits weitergezogen sind.

Der lichte Wald, die Vegetation, die Landschaft und auch der Weg, auf dem wir wandern, ist so, dass ich ständig ausrufen möchte: Das ist ja wie zu Hause!

Nach einer Stunde erreichen wir das kleine Restaurant, wo für uns reserviert ist. Am Nebentisch sitzt ein deutsches Paar, das mich zu sich hinüber einlädt. Sie erzählen mir von ihrer Reise, von Myanmar, wie schön es dort sei, und zeigen mir viele Fotos. Was nett gemeint ist, strengt mich an, so dass ich das feine Essen nicht recht geniessen kann.

Anscheinend habe ich mich an die entspannte Ruhe um mich herum gewöhnt, und diese Ruhe ist, wie ich feststelle, ebenfalls in mich eingekehrt.

Nach einer kurzen Fahrt erreichen wir unser nächstes Ziel, ein kleines Bergdorf. Von der Strasse aus führt ein Weg und später ein Holzsteg zu einem Bauernhaus. Beim Eingang ziehen wir die Schuhe aus und steigen die Holztreppe hoch.

Die Hausfrau und Bäuerin erwartet uns. In Socken betreten wir die Küche, die zugleich Wohn-, Ess- und Schlafraum ist. Eine grosse, angenehm warme Stube. Das Sonnenlicht, das durch die kleinen Fenster fällt, blendet fast ein wenig und lässt den Raum dunkel erscheinen.

In der Mitte steht ein traditioneller Eisenofen, dessen Kamin durch die Decke hinausführt. Wir setzen uns auf die Bank

mit gemusterten Kissen und geschnitzten Rücken- und Arm-
lehnen, die an der Wand unter den Fenstern steht. Das Täfer
zwischen den Fachwerkbalken ist mit bunten Blumen bemalt.

Überall wo ich hinblicke, entdecke ich Verzierungen, Malereien, Dekorationen. Das Bild des Königs fehlt auch hier nicht.
Daneben hängen Zeitungsausschnitte und Fotos an der Wand.

Uns gegenüber, auf der niedrigen Küchenzeile, die aus Holz-
schränken besteht, reihen sich Töpfe, Geschirr und allerlei
Küchenutensilien aneinander. Das Rechaud mit zwei Platten
dient zum Kochen. Eine Propangasflasche liefert die Energie.
Darüber ist ein kreisrundes Bild mit zwei weissen, sich zuge-
wandten Vögeln, direkt auf die Wand gemalt. Unter der Decke
hängen an langen Stangen Kräuterbündel zum Trocknen und
zugeschnürte Stoffbeutel.

Rechts, in der Ecke bei den gerollten und aufgeschichteten
Schlafmatten spielen die zwei kleinen Mädchen der Familie. Es
geht nicht ohne Gezanke, so ist ihnen unsere Aufmerksamkeit
gewiss. Die Mutter weist sie zurecht, was nicht für lange wirkt.
Unsere Bleistifte und Radiergummis helfen nachhaltiger.

Die Frau giesst uns Buttertee in die Tassen. Der Geschmack
ist ungewohnt, etwas salzig und leicht ranzig. Ich trinke ihn
aus Respekt dieser freundlichen Frau gegenüber, die mir ge-
stattet, einen Blick in ihre private Welt zu werfen. Dazu gibt es
zwei Sorten von geröstetem Getreide. Pema unterstützt mich
im Gespräch mit der Frau. Die gemächliche Unterhaltung mit
den langen Pausen erinnert mich an Finnland: Schweigen ist
Bestandteil der Konversation.

Ich möchte der Frau zum Dank etwas geben. Pema sagt mir,
dass ein kleiner Geldbetrag das Sinnvollste sei. Ich befolge seinen Rat.

Bevor wir hinübergehen in den Gebetsraum, machen wir
ein paar Fotos, einmal von der Frau zusammen mit Pema und
einmal zusammen mit mir.

Im Gang draussen steht eine hübsche Truhe mit kleinen Türen und Schubladen, die mit kreisförmigen Sujets bemalt sind,
daneben ein Kühlschrank. Über dem Eingang des Gebetsraums

hängt ein mit Girlanden geschmücktes Geweih. Es könnte von einem Hirsch stammen.

Als ich den Gebetsraum betrete, bin ich verblüfft. Links und rechts vom Altar stapeln sich in hohen Regalen dicke Bücher und alte Schriften, die von den Vorfahren der Familie stammen. Für die Verstorbenen stehen Wasserschalen auf dem Altar, die täglich frisch gefüllt werden.

Die Religiosität hat einen hohen Stellenwert, alles ist durchdrungen davon. Ich kann es fast nicht glauben, dass dieses einfache Bauernhaus einen solchen Schatz birgt: Ein separater Raum für die täglichen religiösen Zeremonien.

Zum Schluss führt sie uns hinaus in ihren Garten. Zuerst schweift mein Blick in die Weite dieses herrlich sanften Tales, danach besichtige ich den mit Holzlatten umzäunten «Pflanzplätz». Blühende Kartoffelstauden, Zwiebeln, Koriander, verschiedene Bohnen, Senf, Rettich … dazwischen wuchert Unkraut. Hier wird nicht oft gejätet. Getrampelte Pfade schlängeln sich durch das Labyrinth – ich verliebe mich sofort in dieses Biotop.

Als wir zum Haus zurückkehren, fällt mein Blick auf den drolligen Phallus an der Fassade. Auch hier fehlt das Fruchtbarkeitssymbol nicht.

Auf dem Grünstreifen zwischen Haus und Garten steht ein mageres Kalb. Der Anblick schmerzt mich. Es ist mit einem Strick am Hals an einen Stein gebunden. Mit viel Kraft kann es ihn zwar bewegen, doch das Gewicht verhindert, dass das Kalb seiner Mutter hinterherlaufen kann. Die Kuh ist tagsüber auf der Weide und wird gemolken.

Um 16 Uhr sind wir zurück im Hotel. Wir haben viel gesehen und erlebt, es war ein reicher Tag. Pema entschuldigt sich für den frühen Abschluss. Ich versichere ihm, dass es in Ordnung ist für mich, dass ich mich ausruhen werde, vielleicht lesen oder schreiben oder mir die nähere Umgebung anschauen. Ich weiss von meinen indischen Bekannten, dass sie es nicht verstehen können, dass man auch gern mal allein ist. So merke ich nun, dass es Pema schwerfällt, mich mir selbst zu überlassen. Er bietet mir an mitzukommen, wenn ich nochmals rausgehen möchte.

«Nicht nötig», antworte ich.

«Du musst einen Schirm mitnehmen, es beginnt bald zu regnen.»

«Werde ich tun!»

«Und auf die streunenden Hunde aufpassen!»

Damit trifft er eine Schwachstelle, doch ich lasse mir nichts anmerken. Nun bin ich erst recht entschlossen, die Umgebung zu erkunden.

Ich wähle die unbekannte Richtung. Der Weg führt vorbei an der Zufahrt zu einem luxuriösen Hotel, von denen es in Bhutan einige gibt. Sie wurden gebaut, um das Hochpreissegment zu bedienen.

Ausläufer des Waldes reichen bis an die Strasse hinunter. Die Gegend ist nur locker besiedelt. Da ein Haus, dort eines, Felder, Wiesen, Gräben. Eine Weggabelung. Die Sensoren arbeiten anders, wenn man allein unterwegs ist. Ich entscheide mich für rechts. Die Strasse wird steil und wechselt den Belag. Nun ist sie mit Natursteinen befestigt.

Von oben kommt mir ein Auto entgegen, das im Schritttempo fährt und dessen Insassen trotzdem heftig durchgeschüttelt werden. Wir haben nicht beide Platz auf dem Steinbett, so weiche ich in den Graben aus.

Ein Schild weist auf eine Schule hin. Feierabend. Gruppen von Jugendlichen, Knaben und Mädchen schlendern an mir vorbei, schauen mich neugierig an, fragen, woher ich komme, ohne eine Antwort zu erwarten. Für ein Gespräch sind sie zu scheu. Die jüngeren Schulkinder bleiben bei mir stehen. Von einem Haus winken mir Leute zu. Andere eilen schnell und möglichst ohne aufzufallen an mir vorbei. Sie fürchten wohl, angesprochen zu werden. Eine alte Frau mit einem dünnen

Zopf und ohne Zähne beschimpft mich. Das entnehme ich ihrem wütenden Gesichtsausdruck. Den Grund errate ich nicht. Vielleicht befürchtet sie Unheil von der gottlosen Ausländerin. Von Hunden bleibe ich glücklicherweise verschont, und den Schirm brauche ich nicht aufzuspannen.

Meine Zimmernachbarin ist abgereist. Die japanische Gruppe wird morgen weiterfahren. So sitze ich wieder allein am Tisch. Pema sorgt für Ema Datshi. Ohne diese Beilage würde das Essen nur halb so gut schmecken. Die Schärfe von frischen Chilischoten soll die Ausschüttung von Dopamin bewirken. Das glaube ich gern, meine Müdigkeit ist wie weggeblasen.

Als ich zufrieden im Bett liege, denke ich noch eine Weile über das Fleischessen und Tiere töten nach. «Es sind die Unwissenden, die Tiere töten. Unwissen ist keine Sünde. Aber Wissen und dennoch töten, ist Sünde. Wenn ein Tier einmal tot ist, warum das Fleisch nicht essen? Ein Tier töten, bedeutet auch, es aus dem Kreislauf und dem Leiden als Tier zu erlösen …» Ich verstehe die Logik noch immer nicht ganz. Vielleicht bin ich einfach zu müde.

Die Nacht bleibt glücklicherweise rauchfrei.

Fotos nächste Seite:
Gemüsegarten | Wohnküche im Bauernhaus

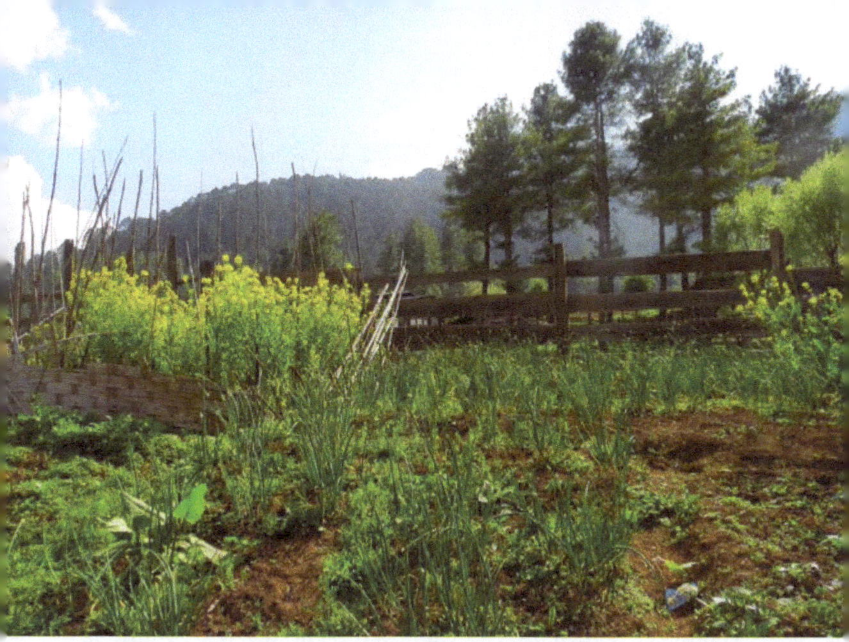

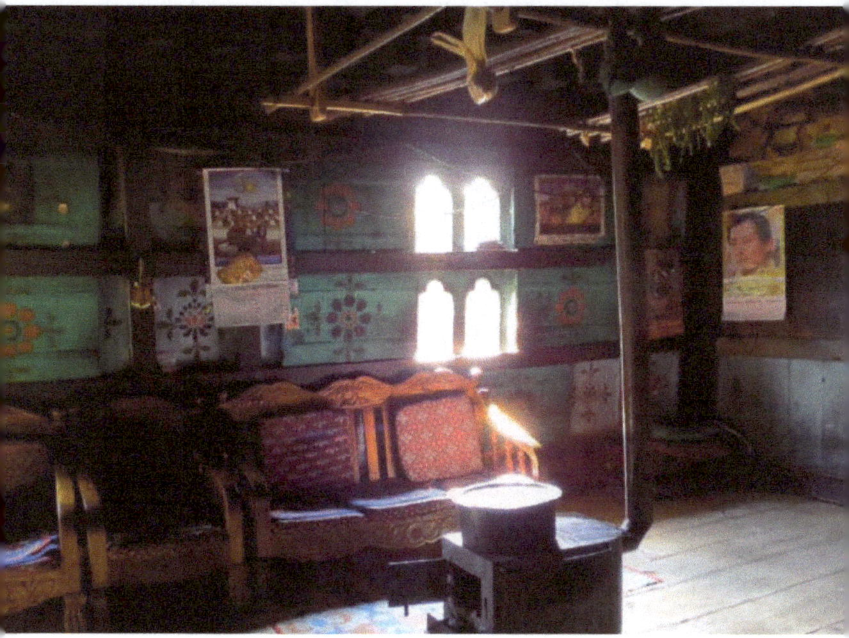

Lange Fahrt zurück nach Paro

Wir verlassen das schöne Phobjikha-Tal und fahren wieder Richtung Thimphu. Die Strasse ist mir bekannt, zweimal passieren wir Sperren, die den Einbahnverkehr regeln, immer gut in der Zeit, das heisst, dass wir jeweils 15 bis 20 Minuten warten müssen, was nicht unangenehm ist.

Wir steigen aus, gehen umher. Ich treffe die Frau, die das Erdbeben in Kathmandu erlebt hat. Ein paar Leute kenne ich von Begegnungen in Tempeln und Restaurants. Die Stimmung ist entspannt, man redet miteinander. Guides und Fahrer stehen in Gruppen herum. Die Strasse, teilweise in Fels gehauen, windet sich den Berghängen entlang. Links und rechts der Strasse geht es senkrecht hinauf und steil hinunter in tiefe Schluchten. Die subtropische, üppig grüne Vegetation ist allgegenwärtig, Vogelschreie, Wind- und Wasserrauschen.

Auf der Weiterfahrt sucht Mister Rinsin Musik am Radio, findet aber nichts, das Pema gefällt. Nach einem kurzen Wortwechsel zwischen den beiden fragt mich Pema, ob ich gern ein Lied hören würde. Ich nicke, ohne zu wissen, was er genau meint. Da beginnt er mit einer schönen, sicheren Stimme zu singen. Ich bin ganz bezaubert und höre gebannt zu.

Leider kann ich seine Bitte nach einem Lied aus meiner Heimat nicht erfüllen. Wieder einmal wünsche ich mir, singen zu können, oder wenigstens den Mut dazu zu haben.

Später reden wir noch einmal über das angebundene Kalb bei der Bäuerin gestern. Es ist auch für Pema offensichtlich gewesen, dass das Tier litt. Es gehöre der Schwester der Frau, darum habe er nichts gesagt, und weil er sich nicht in Dinge einmischen wolle, die ihn nichts angingen.

Ein Buddhist darf keine Tiere töten, aber ein Kalb anbinden, dass es leidet. Jedes Wesen achten – das heisst doch auch, ihm kein Leid zufügen? Doch warum sollte die Welt hier besser sein als bei uns oder anderswo? Pema, sagt, dass das auch mit Bildung zu tun habe. Nicht alle denken darüber nach, was sie tun.

Widersprüche aufdecken ist einfach, Dinge bemängeln, für die man keine Verantwortung trägt, ebenfalls.

Ich empfinde die Gespräche mit Pema bereichernd, es entsteht eine vertraute Stimmung. Manchmal fragt er mich dann Dinge, von denen er nicht weiss, ob sie stimmen, ob unsere Banken tatsächlich Schwarzgeld aus der ganzen Welt horteten und ob unsere Geistlichen Kinder missbrauchten. Und er fragt mich auch, warum man nichts gegen diese Missstände unternehme. Ich versuche die Dinge zu erklären, wie sie sind. Einfach ist das nicht.

In Punakha machen wir Mittagspause und essen im gleichen Lokal wie auf der Hinfahrt. Das grosse Bild über dem Buffet mit dem lustig verzierten Phallus ist verschwunden. Schade! Jetzt, wo mir nach bald zwei Wochen der Anblick nicht mehr peinlich wäre, ist das Bild weggeräumt worden. Pema klärt mich mit einem Lächeln auf: Eine japanische Gruppe kommt!

Nach dem Essen bleibt mir etwas Zeit zum Spazieren und die vielen Fruchtbarkeitssymbole an den Hausfassaden zu studieren. In einem Laden schaue ich wunderschöne Kiras an. Die kunstvollen Stoffe sind von Hand gewoben. Die Frauen wickeln sich das rechteckige Tuch um die Hüften und binden es mit einem Stoffgurt fest. Darüber tragen sie eine kurze Jacke. Mein Interesse an der Frauentracht gefällt der Verkäuferin und obwohl ich beteure, nichts kaufen zu wollen, überredet sie mich, eine Kira anzuprobieren. Sie wickelt mich in den Stoff, reicht mir eine passende Jacke, legt mir eine Kette aus grossen roten

Steinen um den Hals und schiebt mich vor den Spiegel. Sie besteht darauf, mit meiner Kamera ein Foto zu machen. Danach gibt sie dem quengelnden dreijährigen Mädchen die Brust. Ich schaue mir die handgewobenen Seidenschals an und entscheide mich für eine ungewöhnliche Farbkombination: rosa, ocker, grün und blau. Ein schönes Andenken. Und da ich bereits an den Abschied denke, kaufe ich noch zwei Postkarten, eine für Pema und eine für Mister Rinsin.

Die Frau begleitet mich hinaus und winkt mir lange nach. Ich frage Pema, ob es Frauen gebe, die ihre Haut bleichten. Das gibt es, und auch Pema findet es schade. Der Teint wirkt dann ungesund gelblich.

Auf dem Dochu-La stecken wir abermals in den Wolken. Pema ist untröstlich und zeigte mir auf seinem Mobiltelefon, wie das Bergpanorama aussehen würde. Vielleicht haben wir morgen Glück.

Bevor wir Thimphu erreichen, liegt das «Simthoka Dzong» am Weg. Es soll eines der ältesten Klöster sein. Doch unser Tag ist übervoll, so dass wir uns entschliessen vorbeizufahren. Um 8 Uhr sind wir gestartet, gegen 18 Uhr treffen wir in Paro ein.

Das Hotel «Raven's Nest» ist die letzte Unterkunft vor meiner Abreise. Hier werde ich die nächsten vier Tage bleiben. Wie immer warte ich in der Lobby auf den Schlüssel und trinke in der Zwischenzeit süssen Schwarztee mit Milch.

Neben mir sitzen vier junge Leute mit grossen Rucksäcken und anderem Equipment. Wie ich erfahre, werden sie morgen den «Jomolhari Trek» beginnen. Das erinnert mich an einen Traum, den ich noch zu verwirklichen habe. Entsprechend interessiere ich mich dafür. Es gibt einfache Trekkings von drei bis fünf Tagen, etwas anspruchsvollere von bis zu zehn Tagen und dann die richtig strengen mit Höhendifferenzen von fast 10 000 Metern, die drei Wochen dauern. Der «Snowman Trek» gilt als einer der härtesten weltweit.

Der Standard des Hotels überrascht mich. Ich empfinde ihn als luxuriös. Grosses Doppelzimmer mit Vorraum und Tisch. Das Bad ist beeindruckend in seiner Ausstattung. Freistehende Badewanne, moderner Waschtisch und Glasdusche mit Regenwaldbrause.

Beim genaueren Hinschauen zeigt sich, dass nicht alles ganz so top ist. Das Glas der Dusche ist nicht gereinigt. Die Toiletten-Spülung rinnt. Es lässt sich keine Internetverbindung herstellen. Und als ich zur Rezeption gehen will, um es zu regeln, fällt die Zimmertür aus dem Rahmen.

Das alles würde mich nicht gross stören, ich könnte mich mit diesen Unzulänglichkeiten gut arrangieren, doch der internationale Standard weckt Erwartungen, und diese Erwartungen werden nicht ganz erfüllt. Es ist ein Problem, das Pema bereits einmal angedeutet hat. Die Leute sind oft nicht zufrieden mit diesen Hotels, obwohl es das Beste ist, was Bhutan bieten kann. Nur: Woher sollen die Menschen hier unseren Standard, unseren Anspruch an die Perfektion kennen?

Einfache, günstige Unterkünfte senken die Erwartungen, teure, luxuriöse steigern sie. Genau so ergeht es auch mir.

Am weiss gedeckten Tisch lacht mich ein grosser Weinfleck an. Das Essen ist westlich, was mich leider nicht erfreut. Doch woher soll der Koch wissen, dass ich selbst nach zwei Wochen noch Ema Datshi-Fan bin? Immerhin habe ich die gute Idee zu fragen, ob es möglich wäre, am nächsten Abend einheimisches Essen zu bekommen. Der Kellner freut sich über meinen Wunsch. Ich bestelle Poulet, Reis und verschiedene Gemüse. Auch die Uhrzeit kann ich wählen. Anscheinend bin ich heute zu spät erschienen. Ich lerne etwas Wichtiges dazu. Man kommt zur abgemachten Zeit, da die Speisen frisch gekocht und heiss serviert werden. Das, stelle ich nun nachträglich fest, war auch unterwegs so. Pema kündete unser Eintreffen immer telefonisch an. Kaum sass ich, wurden die Speisen aufgetragen. Darum war es auch immer so eine Sache mit dem Fleisch. Es war bereits alles gekocht und zubereitet, wenn ich ankam.

Das Essen gibt es morgen also nicht ab sondern um 19 Uhr. Es ist mir nun klar, dass ich mit meiner unbeabsichtigten Verspätung von einer halben Stunde Verwirrung in den Arbeitsablauf gebracht habe. Bevor ich gehe, bestelle ich ein bhutanisches Frühstück für den nächsten Morgen.

Das Essen liegt mir schwer im Magen. Weshalb, weiss ich nicht. Den Salat habe ich vorsichtshalber weggelassen. Pasta mit Tomaten und Knoblauch gab es als zweite Vorspeise, danach Fisch mit Zitronensauce und zum Dessert gedämpfte Früchte. Es war erstaunlich gut gekocht.

Pema hat mir später gesagt, dass die Leute aus ganz Paro hierher kämen, um «Western Style» zu essen.

Der Inhalt meines Reisegepäcks riecht nach Rauch. Beim Einschlafen beschäftigen mich die kulturell bedingten Missverständnisse. Es wird sie immer geben. Und was als Unhöflichkeit empfunden wird, ist Nichtwissen, und Nichtwissen ist keine Sünde, nur Wissen und sich nicht daran halten, ist Sünde … oder doch nicht?

Fotos nächste Seite:
Lange Fahrt nach Paro | Strasse in Lobesa

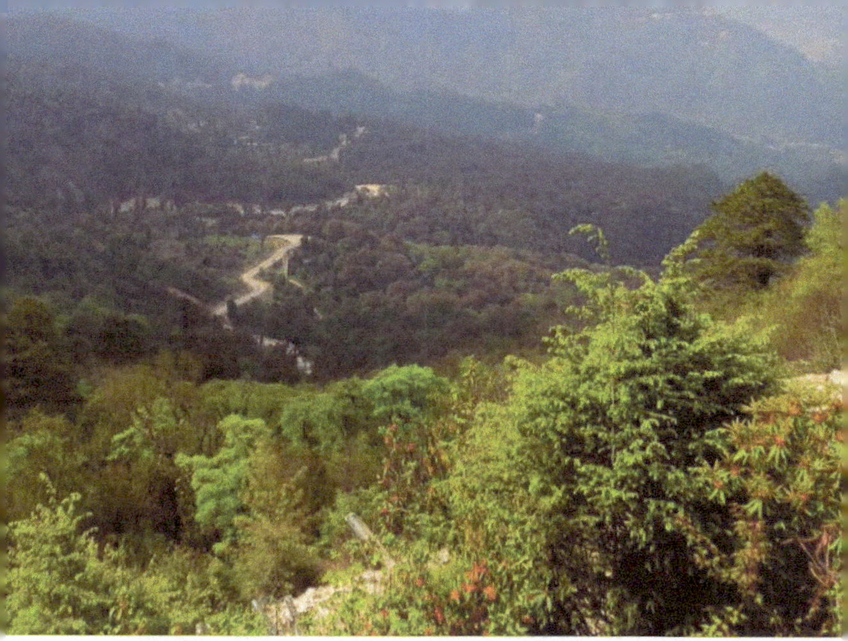

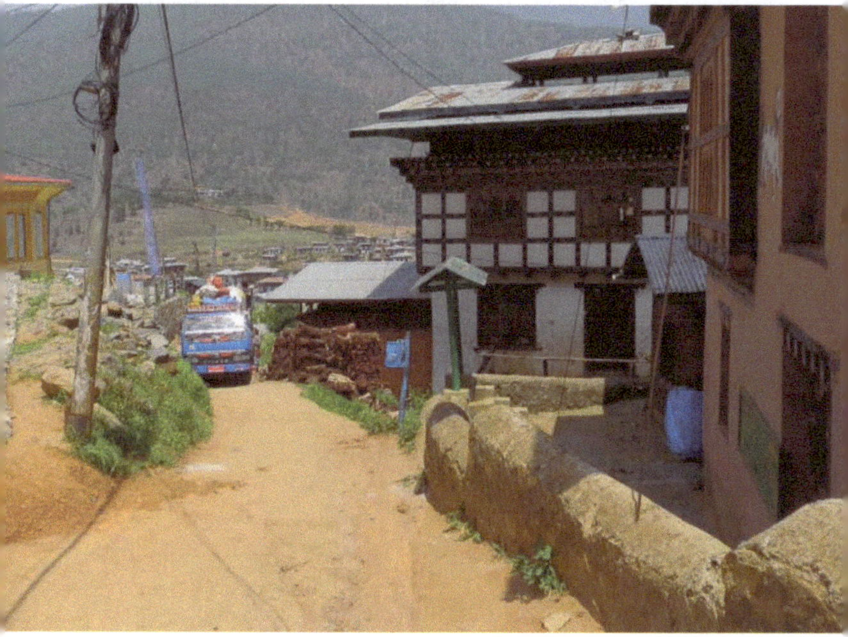

Auf dem höchsten Pass

Nach dem bhutanischen Frühstück mit gebratenem Reis, Chili und Spiegelei fahren wir auf den Chele-La, den höchsten befahrbaren Pass in Bhutan. Die Strasse bietet einen schönen Blick auf die Stadt Paro und den Flughafen. Wir halten an, geniessen die Aussicht und fotografieren uns gegenseitig, im Hintergrund die Landepiste und das Bergpanorama am fast wolkenfreien Himmel.

Auf der Weiterfahrt öffnet sich ein Tal mit terrassierten Reisfeldern und wenigen Häusern. Die Strasse ist erstaunlich gut – fast wie zu Hause – und führt in vielen Schlaufen durch einen Wald hinauf über eine Höhendifferenz von etwa 1800 Metern (Paro liegt auf 2280 m ü. M.). Die Baumgrenze erreichen wir bei etwa 3800 m ü. M.

Eine grosse blaue Tafel markiert die Passhöhe:

«Chelela Highest Point on Dantak Road, Altitude 3988 Mtrs above MSL.»

Es gibt verschiedene Fusswege und Pfade, die höher auf den Berg hinauf führen. Pema lässt mich ohne Widerspruch losziehen. Er und Mister Rinsin werden beim Parkplatz auf mich warten.

Der schmale Wanderweg führt durch einen Wald von flatternden Gebetsfahnen direkt in Richtung Gipfel, auf dem ich mehrere Steinmännchen erkenne. Dort liegt mein Ziel. Die weidenden Yaks lassen mein Herz noch schneller schlagen, als es der Höhe wegen bereits tut. Yaks mit Jungtieren verhalten sich wie Mutterkühe in den Alpen und können gefährlich sein, wenn man den Kälbern, oft unabsichtlich, zu nahe kommt. Ein

Blick zurück zeigt mir, dass ich nicht ganz allein unterwegs bin. Eine mehrköpfige Familie mit Guide folgt meiner Route, was mich etwas beruhigt. Ich umgehe die Tiere geschickt, wie ich finde, und sehe, dass der Guide den kleinen Umweg ebenfalls einschlägt.

Auf dem Gipfel zeigt mein Höhenmesser 4200 m ü. M. Das 360° Panorama ist prächtig. Die Kinder, gefolgt vom Guide und den Eltern, treffen ebenfalls ein. Wir lachen einander zu und die Frau bietet mir an, mich zu fotografieren. So stelle ich mich vor eines der Steinmännchen, das sich als kleiner Chorten herausstellt, und lächle in die Kamera. Die Familie mit ihren vier Kindern stammt aus Südkorea und macht eine Woche Ferien in Bhutan.

Der leicht abfallende und wieder ansteigende Sattel führt zu einem nächsten und übernächsten Gipfel. Ich hätte Lust weiterzuwandern, doch die Vernunft hält mich davon ab. Ich habe weder zu essen, noch zu trinken bei mir. Ausserdem würde ich Pema in Angst und Schrecken versetzen, wenn ich allzu lange wegbleiben würde. Wahrscheinlich tue ich das bereits jetzt.

Die Yaks sind auch beim Abstieg eine Herausforderung. Weiter unten beschäftigen sich drei junge Männer mit dem Aufstellen von Gebetsfahnen. Ich schaue eine Weile zu. Sie freuen sich über mein Interesse. Die Fahnen flattern für die Verstorbenen in der Familie.

Die Vegetation hier oben besteht aus Gras und Buschwerk, eine alpine Landschaft, wie sie bei uns auf etwa 2500 m ü. M. vorkommt.

Der Himmel hat sich bewölkt. Auf einer Seite ist er noch hell, auf der andern bleigrau. Das Wetter wechselt schnell. Als ich wieder auf der Passhöhe ankomme, sitzen Pema und Mister Rinsin gemütlich im warmen Auto. Sie sind überrascht, dass ich schon zurück bin.

Auf dem Rückweg tummeln sich Affen auf der Strasse. Es sind die seltenen «Hanuman-Languren». Pema macht sich mit meinem Fotoapparat auf die Pirsch.

Gegen drei Uhr sind wir unten im Tal und essen in einem versteckten kleinen Lokal zu Mittag. Es ist fast selbstverständlich, dass ich der einzige Gast bin.

Danach besuchen wir den «Rinpung-Dzong» (auch Paro-Dzong genannt) und betrachten die Malereien im Eingang. Pema blüht auf beim Geschichtenerzählen, und er freut sich, als ich sage, er wäre sicher ein guter Lehrer geworden.

An einem gemalten Wandbild erklärt er mir das Rad der Wiedergeburt. Ganz oben, sind die Reichen. Sie leben in der besten aller Welten. Rechts davon befindet sich die Welt der Arbeitenden und Dienenden. Sie arbeiten streng und viel, kommen jedoch nie auf einen grünen Zweig. Das ist symbolisch dargestellt durch einen Apfelbaum, dessen Früchte in die Lebenswelt der Reichen hinüberhängen. Die einen arbeiten, die andern ernten. Pema sagt, dass ich mich im obersten Segment befände, er selber rechts davon. Die Deutlichkeit der Darstellung macht mich sprachlos. Ich werde dieses Bild nicht so schnell vergessen. Pema findet das in Ordnung. Es sagt, so wie es sei, habe er immerhin die Chance, durch einen guten Lebenswandel das nächste Mal ganz oben geboren zu werden. Und ich? Für mich gibt es keinen Aufstieg mehr, und Erleuchtung ist kaum eine Option.

Wieder haben wir Glück. Die Mönche versammeln sich und wir dürfen uns dazu setzen. Es findet eine Zeremonie mit Flöten, Trommeln und Rezitationen statt. Am meisten beeindruckt mich der Master of Discipline, ein grosser kräftiger Mönch, der mit einer Lederpeitsche durch die Reihen schreitet. Grad neben mir schlägt er sie an die Wand. Mein kleiner Schreck scheint ihn zu erheitern.

Danach besuchen wir den «Kyichu Lhakhang Tempel», und ich bekomme all die Buddha-, Rinpoche- und Reinkarnationsgeschichten nicht mehr auf die Reihe. Ein heftiges Gewitter mit Donner und Blitz entlädt sich. Es reicht gerade noch, ins Auto zu flüchten.

Auf der Fahrt zurück zum Hotel erklärt mir Mister Rinsin, wie man Ema Datshi zubereitet:

Man erhitzt etwas Wasser und Öl in einem Pfännchen und gibt in grosse Stücke geschnittene Chilischoten dazu. Wahlweise frische oder getrocknete, grüne, rote, kleine oder grosse. Ebenfalls wahlweise kommen Tomatenwürfel, Kartoffelstücklein oder Gemüseresten dazu. Die Mischung wird aufgekocht. Erst am Schluss fügt man den zerkleinerten Frischkäse bei und lässt ihn schmelzen. Er darf nicht kochen, sonst schmeckt er bitter und säuerlich. Mit Salz würzen und mit Koriandergrün oder Petersilie garnieren.

Ema Datshi ist die klassische Beilage zum Reis und gehört in Bhutan zu jeder Mahlzeit.

Fotos nächste Seite:
Blick auf den Chele-La hinunter | Begegnung mit einer Yakherde

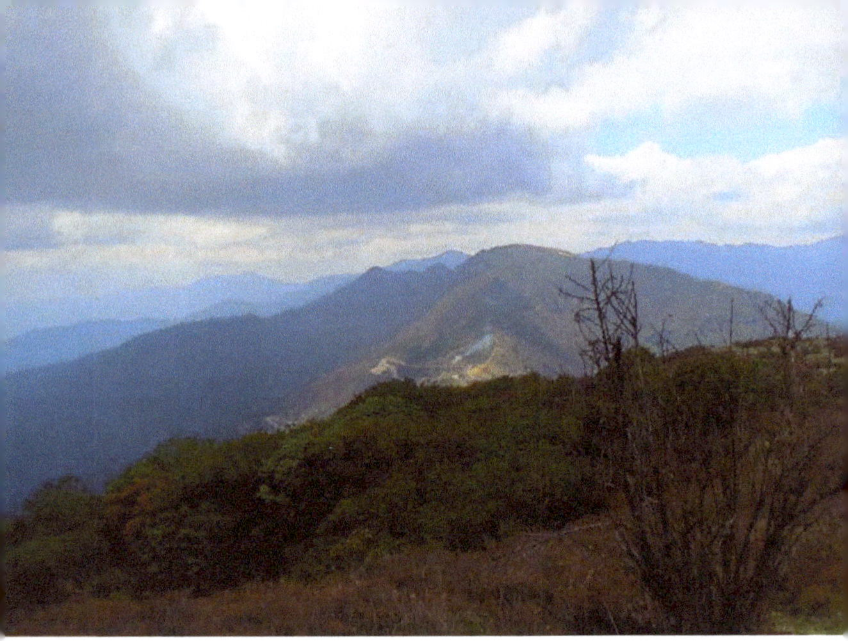

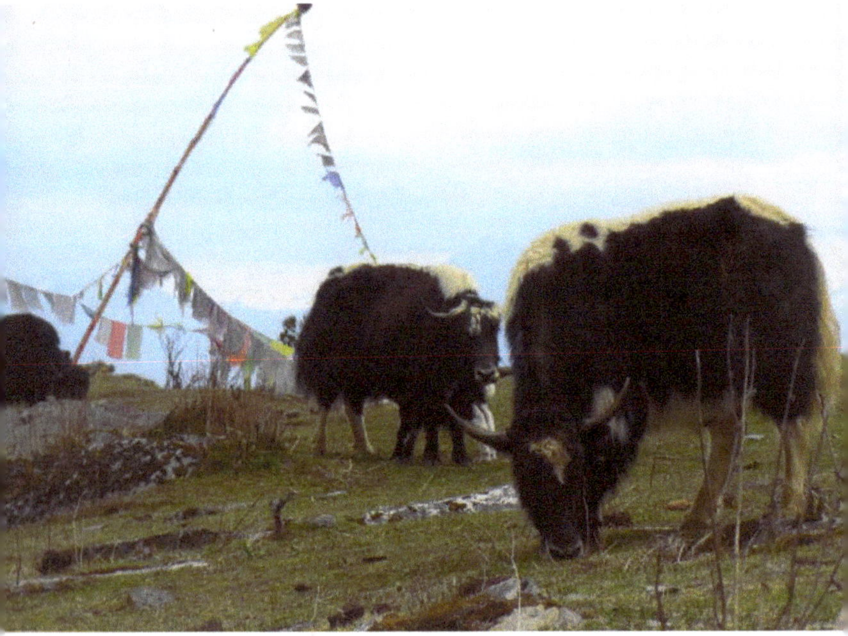

Wanderung zum abgeschiedenen Dakini Kloster

Diesen Tag habe ich sehnlichst erwartet. Heute wandern wir zu einem der heiligsten Orte in Bhutan. Das Kloster liegt sehr abgeschieden und es gibt kaum westliche Besucher, die dort hinaufsteigen. Wie so oft, ist die Schreibweise der Namen unterschiedlich und die Karten wenig detailliert. So habe ich für dieses Kloster folgende Bezeichnungen gefunden: «Chumbu Goemba», «Chumphu Nye» und «Chumophug».

Auf einer Naturstrasse fahren wir tief ins Tal des «Do-Chhu» (Chhu = Fluss) hinein. Am Horizont leuchten die weissen Gipfel der höchsten Berge. Das Wetter ist sonnig und angenehm in der Temperatur.

Als die Naturstrasse aufhört, lassen wir das Auto stehen und wandern durch einen Gebirgswald stetig bergan. Immer wieder müssen wir den Bach überqueren. Pema trägt den mehrstöckigen Thermo-Container und eine Kanne Tee. Mister Rinsin begleitet uns ausserplanmässig, weil wir mit diesem ganzen Mittagslunch einfach zu viel zum Tragen hätten. In einer blauen, aus Plastikbändern geflochtenen Einkaufstasche transportiert er Tassen, Teller und Besteck. Mein Vorschlag, einfach Wasser und Bananen mitzunehmen, wird nicht einmal diskutiert. Für eine gute Mahlzeit lohnt sich der Mehraufwand allemal. Zudem hat Mister Rinsin diesen Tempel noch nie besucht und will die Gelegenheit wahrnehmen.

Ich darf nichts tragen, hätte allerdings in meinem Rucksack kaum Platz übrig neben Trinkflasche, Sonnenbrille Sonnenhut, Wärmejacke, Regenjacke und Schirm. Auch der Wanderstock, den Pema für mich geschnitzt hat, begleitet mich, was ihn sehr freut. Er selber trägt ebenfalls Wanderschuhe. Mister Rinsin wandert, wie er Auto fährt, in Gho, Kniesocken und Halbschuhen.

Auf diesem mehrstündigen Pilgerweg durch die urwaldartige Vegetation passieren wir verschiedene Naturstein-Tore. Guru Padmasambhava, dieser in Bhutan wichtigste Heilige, soll hier im 8. Jahrhundert seine Spuren in den Felsen hinterlassen haben. Die Stellen sind mit beschrifteten Tafeln markiert. Da sieht man einen Fussabdruck, dort einen Abdruck seiner Stirn und – wie könnte es anders sein – auch einen Abdruck seines Penis.

Nach einer Stunde machen wir Pause. Mister Rinsin packt die Tassen aus und Pema giesst für alle Tee ein. Weiter geht es auf schmalen Pfaden. Vogelstimmen, Wasserrauschen. Nach einer weiteren Stunde gibt es abermals einen kurzen Halt. Diesmal verteilt Pema Bananen. Der Weg ist lauschig, die Temperatur angenehm frisch, manchmal gehe ich voraus, manchmal hinter Pema her. Mister Rinsin bildet die Nachhut.

Einmal begegnen wir Arbeitern, die eine Brücke instand stellen. Wir bleiben stehen, die Männer reden miteinander, sie erzählen sich, woher sie kommen. Die dritte Pause gibt es beim Chorten, bevor es richtig steil wird und der Pfad nicht mehr von Bäumen beschattet ist.

Für das letzte Wegstück gibt es zwei Varianten, um zum Tempel zu gelangen. Als Buddhist müsste man ein Heiligtum im Uhrzeigersinn herum angehen, doch Pema entscheidet sich dagegen. Aus irgendeinem Grund ist dieses Wegstück heute zu gefährlich. Ich bin etwas enttäuscht. Vielleicht unterschätzt Pema meine Fähigkeiten. Ausgesetzte Stellen erschrecken mich nicht. Als er mir erzählt, dass selbst Thomas, der Reiseorganisator, der ein guter Bergsteiger sei, «a hard time» gehabt hätte, finde ich mich damit ab.

Als wir das Kloster endlich erblicken und beim ersten Chorten ankommen, stellen wir fest, dass Mister Rinsin fehlt. Mir ist sofort klar, dass er den buddhistisch korrekten Weg im Uhrzeigersinn genommen hat. Wenn schon, denn schon, wird er sich gedacht haben.

Wir warten eine Weile. Als er nicht kommt, entscheidet sich Pema, ihn zu suchen, und geht ihm auf dem andern Weg entgegen. Ich setze mich derweil auf einen Stein. Es ist friedlich still, ich fotografiere aus der Perspektive, die ich gerade innehabe. Die zwei Klosterhunde leisten mir Gesellschaft.

Nach etwa zwanzig Minuten kommt Pema zurück. Allein. Er vermutet, dass Mister Rinsin eine der schwierigen, ausgesetzten Wegstellen nicht traversieren konnte.

Es dauert nicht lange, bis Mister Rinsin beim unteren Chorten auftaucht. Was Pema vermutet hat, stellt sich als richtig heraus. Der Bach führt zu viel Wasser und macht die heiklen Felspartien unpassierbar. So musste Mister Rinsin umkehren und den gleichen Weg nehmen wie wir.

Der Haupttempel liegt auf 3200 m ü. M. Er ist nicht gross, und es erstaunt mich, dass er von zwei uniformierten Polizisten mit Gewehr bewacht wird. Auf meine Nachfrage hin, ob man Anschläge oder Überfälle befürchte, erklärt mir Pema, die Aufgabe der Polizei sei es, dieses wichtige Heiligtum ehrenwert zu beschützen.

Wir lassen die Rucksäcke im Vorhof. Von einem Polizisten begleitet, führt uns ein Mönch ins innere des Tempels. In diesem abgelegenen Kloster leben etwa fünfzehn Mönche. Ein paar sind zum Gebet versammelt, das Spektrum reicht von kleinen Buben bis zu alten Männern.

Pema und Mister Rinsin machen ihre Niederwerfungen. Danach folgen wir dem Mönch hinter den Altar. Die schwebende Statue «Dakini Dorje Pham» (Erkenntnis vermittelnde Gottheit), die dem Ort die Heiligkeit verleiht, befindet sich hinter einem schützenden Gitter. Dazu gehört eine Legende, die etwa so geht: Eine solche Statue wurde einmal entführt oder gestohlen und befindet sich an einem anderen Ort im Himalaja. Um über den Verlust hinwegzukommen wurde eine genaue Nachbildung gefertigt. Diese Statue wäre identisch mit dem Original, wenn sie nicht einen Millimeter zu klein geraten wäre. Doch die Statue vollbringt das Wunder, einen Millimeter über dem Sockel zu schweben. Zum Beweis soll man ein Papier zwischen Sockel und Statue hindurchschieben können. Der Mönch öffnet unten bei den Füssen der Statue mit seinem Schlüssel ein kleines Gittertürchen, das ins grosse Gitter eingelassen ist. Er nimmt einen Ngultrumschein aus der Opferschale und schiebt ihn zwischen Füssen und Sockel hindurch. Nun ahne ich, warum dieses Heiligtum so streng bewacht werden muss – es ist ein ketzerischer Gedanke –, niemand soll der Statue ihr Wunder stehlen können. Die Menschen wollen daran glauben. Es ist gut, dass man ein paar Stunden wandern muss, um dieses Heiligtum zu besuchen, und glücklicherweise fehlt den Touristen diese Zeit.

Der Himmel hat sich bedeckt, es könnte schon bald zu regnen beginnen. So veranstalten wir unser Picknick mit freundlicher Genehmigung eines Mönchs auf der Veranda im Innenhof des Klosters.

Wie erwartet schmeckt das Essen aus dem Thermo-Container ausgezeichnet. Gebratene Pouletschenkel, Reis, Gemüse, Ema Datshi und zum Dessert gibt es einen Apfel.

Wir sitzen im Schneidersitz am Boden und essen für einmal zusammen. Von Hand. Ich verzichte auf den Löffel, den sie für mich mitgenommen haben.

Eine Katze umschleicht uns bettelnd. Sie lässt sich nicht vertreiben. Schliesslich bekommt sie von Mister Rinsin einen Knochen. Mir fällt ein, dass man das nicht tun sollte, weil Katzen an Splittern ersticken können. Doch wie sollte ich meine Bedenken vorbringen? Die Katze hat sich mit dem Leckerbissen bereits in Sicherheit gebracht, und die Männer würden mich auslachen. In Bhutan gelten andere Gesetze.

Beim Abstieg werden wir von den zwei Kloster-Hunden begleitet. Einer bleibt nach der halben Distanz zurück, der andere folgt uns bis zum Auto. Dort gibt ihm Pema den übriggebliebenen Reis. Darauf hat der Hund wohl spekuliert.

Zurück im Hotel spaziere ich durch die harmonisch gestaltete Gartenanlage und begegne einem freundlichen weisshaarigen Herrn, der sich als Senior-Chef vorstellt. Seine Enkelkinder spielen am Wasserlauf, der zwischen dem Hauptgebäude und den zusammengebauten Bungalows unter mehreren kleinen Brücken hindurch fliesst. Der Garten ist reich bepflanzt mit Blumen und blühenden Stauden in allen Farben. Er erzählt mir, dass er zehn Jahre an dieser Hotelanlage gebaut hat und noch immer nicht alles fertig ist. Bereits sind erste Renovationen fällig.

Nach der Begegnung mit diesem zufriedenen, in sich ruhenden Mann bin ich bereit, beide Augen zuzudrücken. Wahrscheinlich habe ich keine Ahnung mit welchen Unwägbarkeiten das Bauen hier verbunden ist. Schon weil die Zeit eine andere Rolle spielt. Jedenfalls ist meine Zimmertüre in der Zwischenzeit repariert worden.

Wie ich feststelle, findet heute Abend praktisch vor meinem Bungalow ein Barbecue für die Hotelgäste statt. Ein Lagerfeuer brennt, und die Musik ist schon mal aufgedreht.

Nach diesem intensiven, schönen Tag wäre ein ruhiger, entspannter Abend eher nach meinem Geschmack. Nun dröhnt also Musik aus den Boxen und der Rauch des Lagerfeuers dringt durch die Ritzen in mein Zimmer. Das kenne ich doch! Es bleibt mir nicht viel anderes übrig als die Flucht nach vorne, das heisst hinauszugehen und auf einem der Stühle, die rund um das Feuer bereit stehen, Platz zu nehmen. Eine Gruppe indischer Gäste trudelt ein und freut sich über den speziellen Event. Als ich ordentlich eingeräuchert bin, erkundige ich mich nach dem Ess-Prozedere. Das Barbecue ist erst im Aufbau begriffen. Gegessen wird drinnen. Es wird noch eine Weile dauern, bis das Fleisch gegrillt ist.

Im Speisesaal bekomme ich (weil ich es vorbestellt habe) mein bhutanisches Essen. Ich bin sehr froh darüber, und es schmeckt wunderbar. Danach schaue ich am Hotelcomputer in der Lobby meine Mails an.

Als ich zum Bungalow zurückkehre, sitzt niemand mehr am Feuer, doch die Discomusik läuft auf Hochtouren. Wenn es bhutanische Lieder gewesen wären, hätte ich womöglich nicht reklamiert. Doch nun gehe ich noch einmal in die Lobby und erkundige mich, wie lange die Disco noch dauern wird. Hilfloses Achselzucken, niemand kann mir eine Auskunft geben.

Kaum bin ich im Zimmer, verstummen die Lautsprecher. Ich bin sehr froh. Die einen wollen Rambazamba, die anderen die Stille geniessen, den einen gefällt Volksmusik, den andern Disco. Die einen möchten essen wie zu Hause, die andern auf gar keinen Fall. Es ist mir klar, dass es extrem schwierig ist, einer internationalen Kundschaft gerecht zu werden. Zumal Bhutan den Tourismus erst seit den 1970er Jahren kennt. Das Fernsehen wurde erst 1999 zugelassen.

Fotos nächste Seite:
Unterwegs zum Chumbu Goemba | Mittagessen auf der
Veranda des Klosters

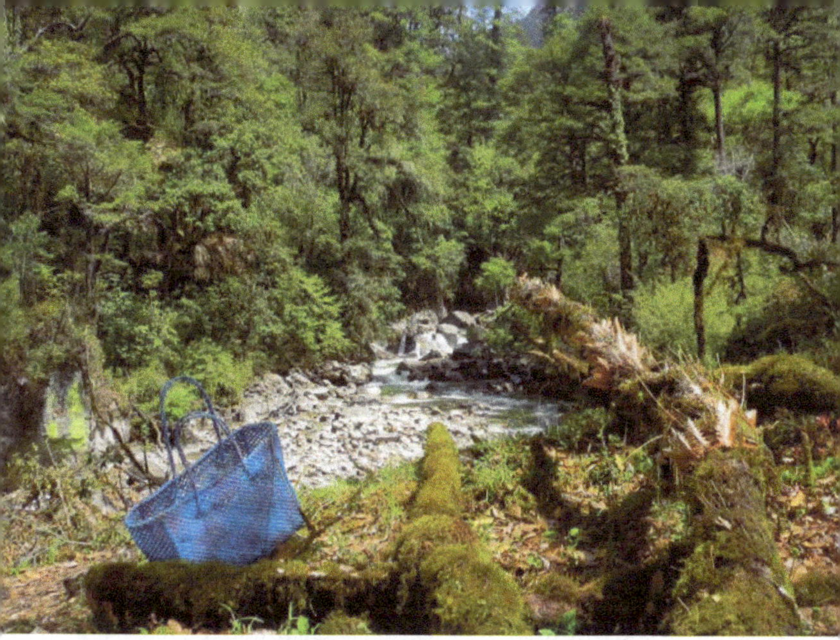

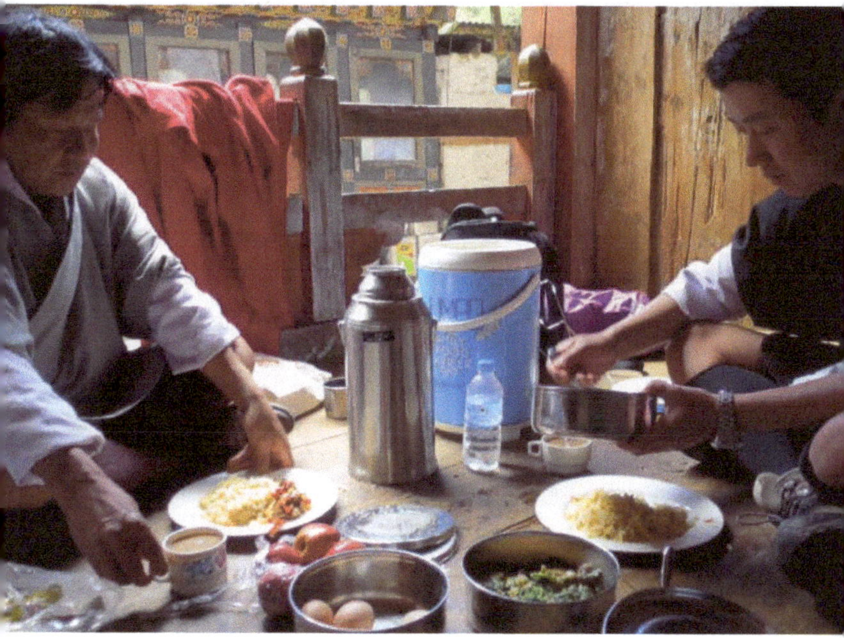

Aufstieg zum Tigernest

Um halb acht sind wir bereits unterwegs. Wir fahren zum Ausgangspunkt für die Wanderung zum «Taktshang Goemba», dem Tigernest, das hoch oben in einer steilen Felswand liegt. Es ist das berühmteste Kloster von Bhutan und fehlt in keinem Reiseprospekt. Seinen Namen verdankt es Guru Padmasambhava, der im 8. Jahrhundert auf dem Rücken einer Tigerin hierher geflogen und auf dem Felsvorsprung gelandet ist.

Wir sind früh dran. Neben dem Parkplatz warten Pferde, um die Touristen bei Bedarf ein Stück weit hochzutragen. Am Anfang ist der Weg breit und staubig. Ein paar kleinere Gruppen, in der Mehrheit indische Touristen, sind ebenfalls unterwegs.

Um nicht die ganze Zeit auf dem staubigen Weg zu wandern, schlägt Pema eine Abkürzung vor, die etwas steiler ist, aber angenehm schattig. Der schmale Pfad führt durch den Wald. Und schon sind wir ganz allein.

Nach der ersten Etappe, beim Teehaus, zeigt sich hoch oben an der Felswand das Tigernest. Es wirkt wie angeklebt. Ein schönes Fotosujet, und eifrig wird geknipst.

Wir geniessen die wohlverdiente Pause inmitten einer internationalen Touristenschar. Alle, aber wirklich alle Bhutanreisenden besuchen diesen Ort. Ob fit oder nicht, ob bis hierher oder ganz hinauf zum Kloster, ob in kurzen mühsamen Schritten oder zügig und stramm, ob alt oder jung, es kommen wirklich alle hierher.

Oben im Tempel treffe ich das deutsche Ehepaar wieder, mit dem ich in Phobjikha zu Mittag gegessen habe. Sie fragen, wie lange wir für den Aufstieg gebraucht hätten. Ich weiss nicht einmal, um welche Zeit wir losmarschiert sind.

Vor dem Betreten des Heiligtums ziehen wir wie immer die Schuhe aus. Pema beginnt mit den Niederwerfungen. Ich beobachte eine westliche Frau mit geschorenem Kopf in Begleitung eines Mönchs, die sich ebenfalls unzählige Male niederwirft. Der Unterschied ist, dass sie verzweifelt weint. Pemas Ausdruck ist wie immer ernst und würdig.

Auf dem Rückweg begegnen wir asiatischen Pilgern in groben Umhängen, alten Leuten, die auf jeder Treppenstufe stehen bleiben, jungen Leuten, die rennen und springen, grossen Familien mit vielen Kindern, wir begegnen dem ganzen bunten Spektrum von Menschen.

Wie immer, wenn ich mit Pema wandernd unterwegs bin, haben wir interessante Gespräche, diesmal erzählt er mir von seiner Familie, die ganz im Osten wohnt. Er kann sie nicht oft besuchen. Manchmal geht er hin und bleibt für längere Zeit dort, um seine Mutter zu entlasten, die seinen behinderten Bruder betreut.

Gleich unterhalb des Teehauses hat sich eine Menschenmenge versammelt. Ein junger Mann liegt am Boden. Die einen reden von Herzschwäche und Erschöpfung die andern von Unterzuckerung.

Wir gehen weiter und nehmen abermals die Abkürzung, den «Shortcut» und später den «Super Shortcut». Es ist ein Weg, wie ich ihn von unseren Alpen her gewöhnt bin, und er bereitet mir keinerlei Mühe. Ich bin stolz, als mir Pema eröffnet, dass der steile Pfad mich definitiv für ein Trekking qualifiziere. Er wird es noch ein paarmal wiederholen, weil er merkt, dass ich mich darüber freue.

Im Restaurant etwas abseits des Parkplatzes setzen sich Pema und Mister Rinsin zu mir an den Tisch. Was ist neu hier? Wir essen alle drei zusammen. Als Pema zum Telefonieren hinaus geht, beginnt Mister Rinsin – zum allerersten Mal – eine kleine Konversation mit mir und erzählt von seinen Trekkings. Zwar stimmen meine Fragen und seine Antworten nicht immer überein, aber wir verstehen uns gut.

Die Frau, die das Restaurant führt, kommt zu uns an den Tisch. Sie zählt auf, was sie über die Schweiz alles weiss. Bevor sie sich mit diesem Lokal selbständig gemacht hat, arbeitete sie im Raven's Nest in Paro, wo ich logiere.

Nach einer kleinen Siesta im Hotel fahren wir ins Zentrum von Paro. Unterwegs entdecken wir Männer, die auf einer Wiese vor einem Tempel Armbrustschiessen üben. Wir halten an und steigen aus. Das Ziel der Schützen ist eine kleine Tafel, die ich kaum sehen kann. Sie befindet sich in einer Entfernung von 135 bis 145 Metern. Der Pfeil fliegt so schnell, dass ich ihn sofort aus den Augen verliere. Ein paar Männer tragen den Gho mit Sportschuhen dazu, andere sind westlich gekleidet, was man so selten sieht, dass es auffällt.

Als wir durch Paro bummeln, macht mich Pema darauf aufmerksam, dass dies die letzte Möglichkeit ist, Souvenirs zu kaufen. Ich soll ihm sagen, was mich interessiert.

«Wenn ich das wüsste!»

Am liebsten schaue ich Lebensmittel- und Haushaltwarengeschäfte an. Nicht, um etwas zu kaufen, sondern um zu sehen, was die Menschen hier im Alltag so brauchen. Ich möchte wissen, wie der Frischkäse aussieht, der für Ema Datshi verwendet wird.

In einem Geschäft finden wir die kleinen, weissen Käseballen, sie liegen gleich bei der Kasse, auch Butter gibt es in Ballen zu kaufen. Die Waren sind frisch und werden im Laden ungekühlt aufbewahrt. Dünner Wildspargel, wie ich ihn ein paarmal gegessen habe, wird in Bündeln angeboten. Eine Frau bereitet Betelnüsse für den Konsum vor. Zuerst wird die Nuss zerkleinert. Dann wickelt sie die Stücke in grüne Blätter und packt je drei Stück davon in Zeitungspapier, das sie zu handlichen Tüten rollt. Ich kaufe eine Portion für Mister Rinsin. Pema bekommt Zigaretten. Sie sind sehr teuer. Mich würde das Geld dafür reuen. Pema berät mich beim Kauf von Räucherstäbchen, was gar nicht so einfach ist bei den vielen verschiedenen Sorten und Qualitäten. Danach zeigt er mir im Schaufenster eines Möbelgeschäfts seine Traum-Polstergruppe. Eine westliche Sofaecke für 800 Dollar. Billigste Ware, denke ich, und doch – vielleicht zum Glück – wird es sich Pema nie leisten können.

Da heute Abend mein «Farewell-Dinner» stattfinden soll, möchte Pema noch bhutanischen Wein kaufen. Es gibt lizenzierte Läden für alkoholische Getränke, aber man weiss nie so recht, wo sie sich jeweils befinden. Wie ich verstehe, will man mit dem Wechsel der Lokalitäten den Konsum erschweren. Pema fragt sich durch. Er sagt zu mir: «You will get drunk tonight».

Pema und Mister Rinsin haben entschieden, dass wir zu meinem Abschied alle zusammen im Hotelrestaurant essen. Das heisst, sie werden sich mit Besteck herumschlagen müssen. Wahrscheinlich, so vermute ich, war das Mittagessen heute so etwas wie die Hauptprobe.

Um 19 Uhr treffen wir uns beim Eingang. In guter Stimmung setzen wir uns an den runden Tisch beim Fenster. Es fällt mir auf, dass Mister Rinsin noch stiller ist als sonst. Er wagt kaum den Blick zu heben. Pema hingegen geniesst es und schaut sich neugierig um. Es sitzen Amerikaner am Nebentisch und weiter hinten eine grosse Gruppe westlicher Frauen, die alle frieren.

Der Wein, den Pema gekauft hat, wird als Aperitif zubereitet. Der Kellner serviert die grünliche Flüssigkeit in Bambusbechern. Pema erklärt mir, dass der Wein – eigentlich ist es Branntwein – mit Ginger und einem rohen Ei aufgekocht und in die Becher abgefüllt worden ist. Anstatt miteinander anzustossen, tauchen wir die Fingerspitzen in den Drink und verspritzen ein paar Tropfen für die guten Geister.

Wie soll ich das Getränk beschreiben? Es schmeckt wie eine alkoholische Suppe und ist als Vorspeise völlig in Ordnung, nur, wie bekomme ich das geronnene Ei in den Mund?

«Mit den Fingern», sagt Pema. Sein Becher ist bereits leer. Ich habe es verpasst abzuschauen. So helfe ich mit der Gabel nach.

Nun hält Pema eine Ansprache für mich allein. Ich staune, wie ernst und gewissenhaft er seine Aufgabe angeht. Er schildert in einem Rückblick die Highlights und speziellen Erlebnisse und hofft, dass ich zufrieden war und wieder einmal nach Bhutan kommen werde.

Diese Art der «offiziellen» Ansprache gab es jeweils auch unterwegs. So informierte mich Pema immer umfassend und sorgfältig über die Route, die Sehenswürdigkeiten, Museen und Klöster. Er behandelte mich gewissermassen nie schlechter als eine Gruppe. Resümee seiner Ansprache und meines Feedbacks: Wir sind alle sehr zufrieden miteinander!

Nun wird die Suppe serviert, und obwohl ich weiss, dass Schlürfen nur in unserer Kultur als unanständig gilt, schaudere ich ungewollt bei diesem Geräusch.

Danach werden stilvoll arrangierte Teller gebracht: eine Portion Reis in Zylinderform, rundum mit Ema Datshi und verschiedenen Gemüsen garniert, das Kunstwerk ist elegant umschlungen von der berühmten weissen Speckschwarte.

Ich lächle innerlich. Wenns ums Essen geht, sind die beiden gnadenlos. Sie wissen, dass dieser weisse Speck nicht meine Lieblingsspeise ist, doch heute ist eben nur das Beste gut genug, und dieser Speck gilt nun mal als «die» Delikatesse. Es ist schliesslich nicht mein alleiniger Abschied, sondern unser aller Abschiedsessen.

Die Strafe indessen folgt auf dem Fuss: Man versuche einen 5 cm breiten und 12 cm langen Speckstreifen mit dem Löffel zu essen! Messer und Gabel oder Löffel und Gabel gleichzeitig zu benützen, ist tabu. Das müsste zuerst geübt werden.

Nach dem Essen breiten wir meine Landkarte auf dem Tisch aus, und Pema zeichnet die Orte ein, die ich nicht finden konnte. Mister Rinsin zeigt mir die Trekkingrouten, die er schon gemacht hat und jene, die für mich in Frage kämen. Wir reden bereits vom nächsten Mal, und dass ich dann meinen Mann mitbringen werde.

Pema möchte noch einmal wissen, wie mir die Reise gefallen hat. Ich gebe mir sehr Mühe meine nochmaligen Dankesworte offiziell und feierlich klingen zu lassen, weil ich merke, wie sehr die beiden sich darüber freuen. Ich überreiche ihnen die Umschläge mit den Dankeskarten und dem Trinkgeld und zwei kleine Pakete mit Schokolade. Zufrieden verabschieden wir uns.

Fotos nächste Seite:
Pema und Mister Rinsin | Blick vom Restaurant in Paro

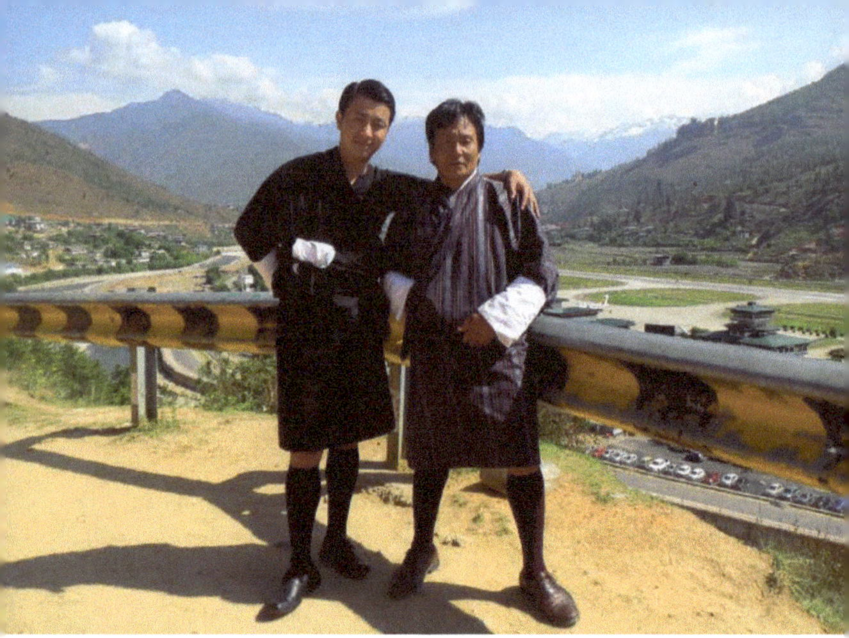

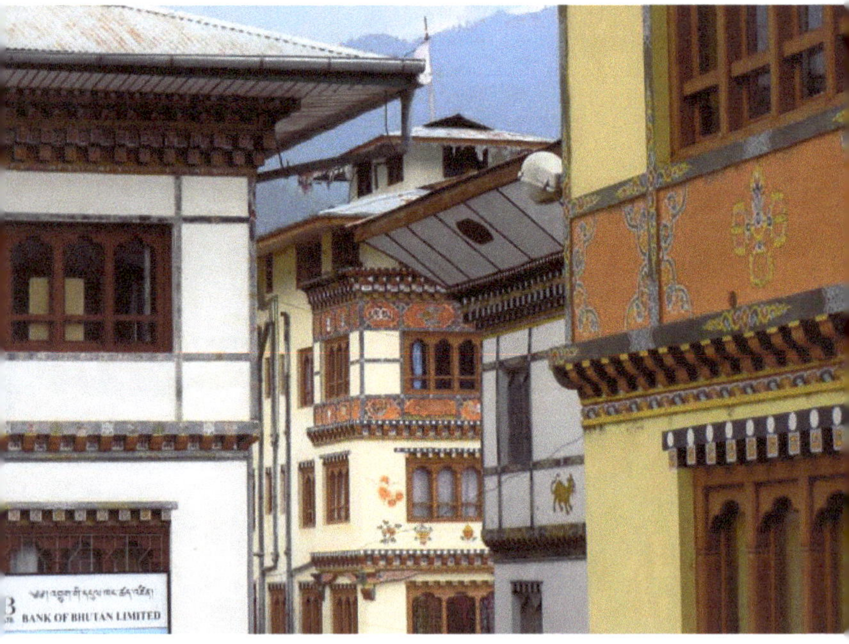
BANK OF BHUTAN LIMITED

Abschied von Bhutan

Ich habe gut geschlafen und bin früh erwacht. Nach dem Frühstück frage ich die nette Frau, die serviert, ob es möglich wäre, die Küche zu besichtigen. Ich bin gespannt, wie das hier funktioniert, vor allem weil mir Pema gestern den Koch gezeigt hat, den ich beim Barbecue für den DJ gehalten hatte.

Die Chromstahlküche glänzt vor Sauberkeit. Der Koch ist gross und schlaksig, seine Haare sind rot gefärbt wie bei Schauspielern in koreanischen Filmen. Anstatt den Gho trägt er Jeans. Dieser junge ausgeflippte Mann mit seinem ebenso unkonventionellen Gehilfen, der eine Reggae-Mütze trägt, kocht für eine internationale Gesellschaft. Western, indisch, chinesisch, bhutanisch ...

Ich frage, wo er das gelernt habe.

«By myself», antwortet er.

Ich bin verblüfft. Er ist noch nie im Ausland gewesen.

Den Wanderstock möchte ich gern als Andenken mitnehmen, doch er ist zu lang und passt nicht in die Tasche. Pema hat eine Idee. Zusammen mit Mister Rinsin bearbeitet er ihn mit der Machete, bis er kurz genug ist.

Auf der Fahrt zum Flughafen sind wir alle still. Dort reichen wir uns zum Abschied die Hände – zum ersten Mal auf dieser Reise.

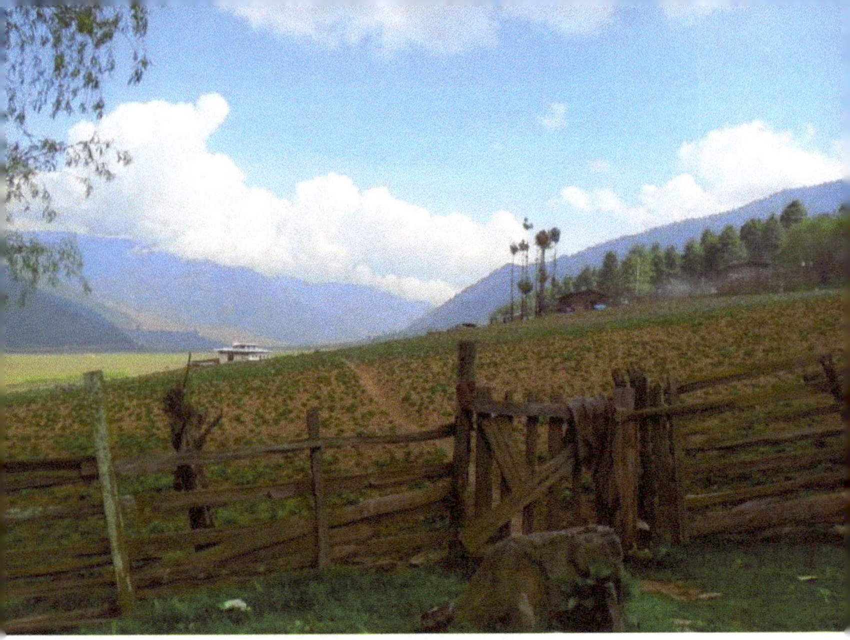

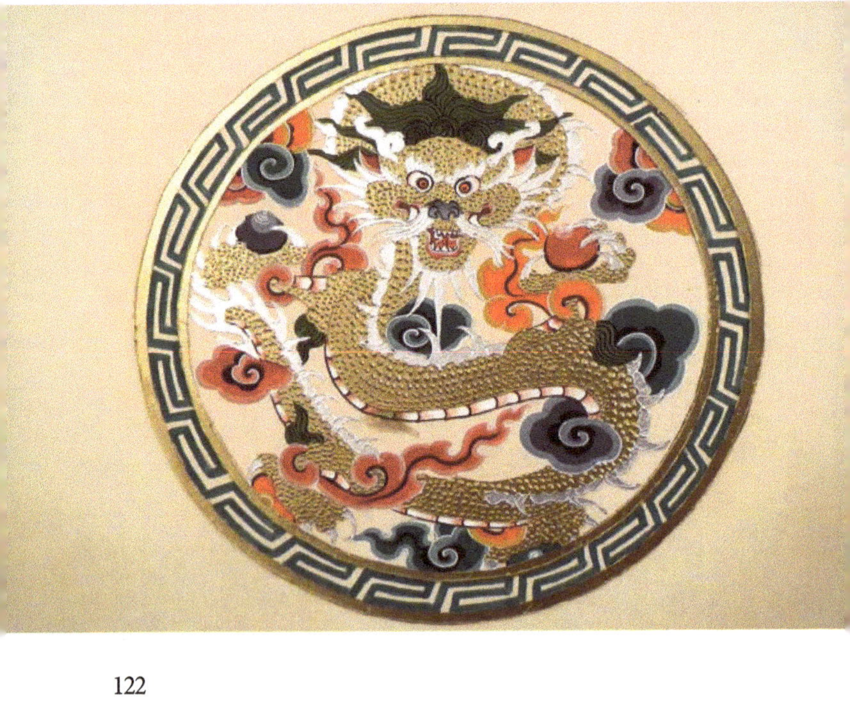

Wieder zu Hause

Wenn ich an Bhutan zurückdenke, kommt es mir vor, als denke ich an das Paradies. Ich weiss zwar, dass das Leben für die Menschen dort hart ist, und ich habe auch realisiert, dass es für Pema schwierig ist, die Tatsache zu akzeptieren, dass er (wahrscheinlich) nie ins Ausland reisen wird. Er kann sich nicht vorstellen, jemals genug Geld dafür zur Verfügung zu haben.

Ob der Glaube an ein besseres nächstes Leben darüber hinwegtröstet und -trägt, kann ich nicht beurteilen. Je weiter der Horizont, desto grösser ist die Gefahr des Vergleichens. Unweigerlich taucht die Frage auf: Warum die andern und nicht ich?

Bhutan ist eine junge Demokratie. Respekt und Ehrfurcht vor dem König sind nach wie vor sehr gross. Man hört auf ihn, man befolgt seinen Rat. Zur Zeit geniesst das Parlament noch das Vertrauen der Bevölkerung. Es wird sich zeigen, wie die Entwicklung fortschreitet. Die vier Grundpfeiler sind gesetzt. Die Bewahrung der eigenen Kultur ist wohl das Schwierigste. Die jungen Leute lehnen sich gegen allzu strikte Einschränkungen auf. Sie wollen den Gho in der Freizeit nicht mehr tragen. Ob die Religion stark genug ist, um den einzelnen Menschen über die Ungleichheiten hinwegzuhelfen, weiss ich nicht.

Die einfache Lebensweise und der rücksichtsvolle Umgang mit der Natur ist von unschätzbarem Wert. Das zu erkennen, erfordert eine Vergleichsmöglichkeit. Die Geschichte über Siddharthas Leben (z. B. von Hermann Hesse) erzählt es auf anschaulichste Weise.

Fotos vorherige Seite: Das weite Tal von Phobjikha | Wandbemalung im Hotelzimmer in Punakha

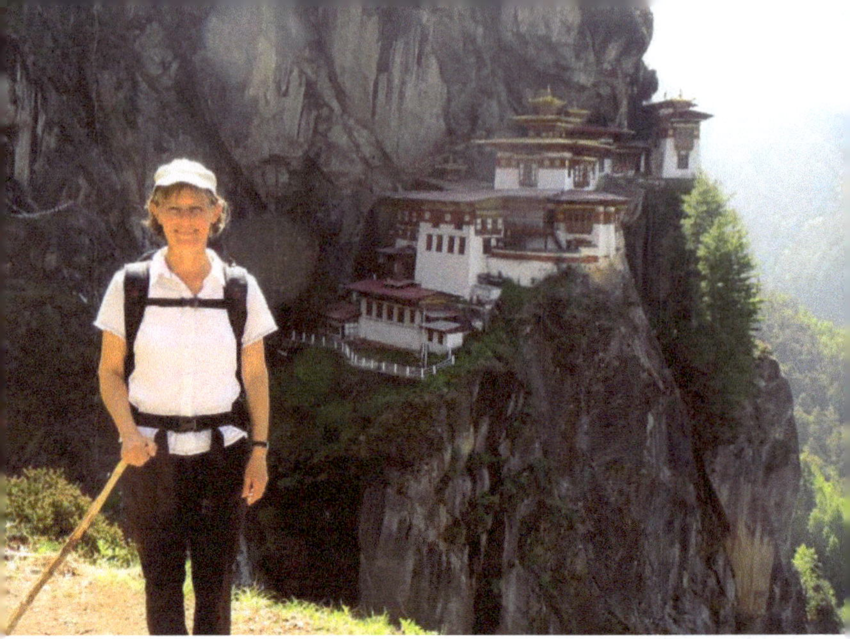

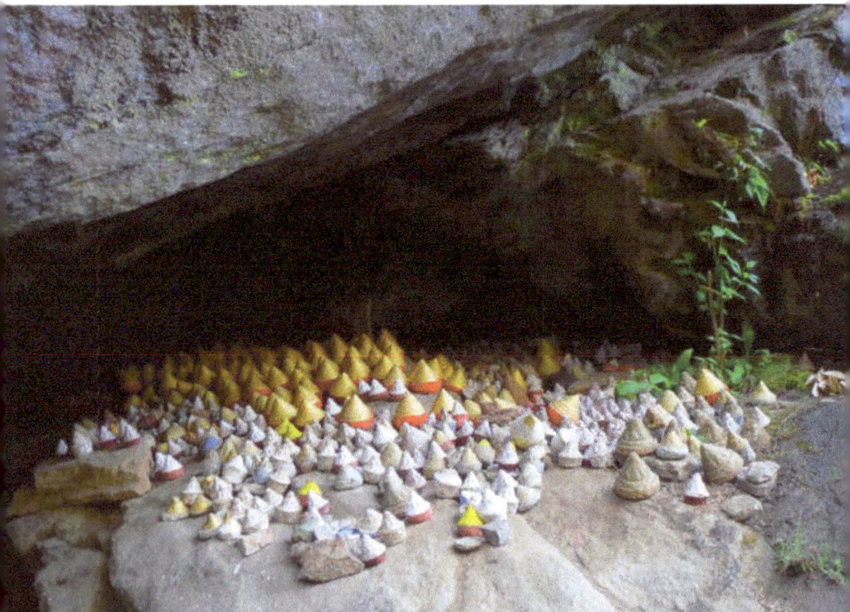

Die Autorin

Elisabeth Jucker, geboren 1954, lebt und arbeitet in Wettingen. Ihr beruflicher Werdegang führte sie von der Fotografie übers Reisen zur Literatur und zum literarischen Schreiben. Sie ist in der Erwachsenenbildung und als Autorin tätig. Seit 2000 publiziert sie Erzählungen, Romane und Reiseberichte.

Auf Reisen ist es ihr wichtig, mit den einheimischen Menschen in Kontakt zu kommen und Einblicke in ihre Lebens- und Denkweise zu erhalten. Das Zusammentreffen mit jungen, hoffnungsfrohen Menschen lassen sie an die Zukunft und die Wandlungsfähigkeit des Gefüges «Welt» glauben.

Fotos vorherige Seite:
Tigernest | Buttermehl-Figürchen

Reisebücher

Unterwegs in Sikkim

Reisebericht, 156 Seiten mit Fotos
Tredition 2018, eBook, Paperback
ISBN 978-3-7439-7671-9

Das ehemalige Königreich Sikkim liegt im östlichen Himalaja und bezaubert durch seine gebirgige Landschaft mit Wäldern, tiefen Flusstälern und Bergen, die zu den höchsten der Welt gehören. Wanderungen durch die dünn besiedelte Landschaft, Besuche von oftmals unbekannten Klöstern und Kontakte mit einheimischen Menschen haben Elisabeth Jucker die animistisch geprägte buddhistische Kultur, die Sitten und Bräuche Sikkims näher gebracht. Sie erzählt von den täglichen Begegnungen und Erlebnissen auf ihrer Reise nach Rumtek, Gangtok, Kewzing, Rinchenpong, Pelling und Yuksam. Ihr junger, pfiffiger und kluger Guide vom Volk der Bhutia war der ideale Begleiter.

Unterwegs auf Nepals Treppen

Reisebericht, 125 Seiten mit Fotos
Tredition 2017, eBook, Paperback
ISBN 978-3-7439-0183-4

Das Trekking zum Annapurna Base Camp in Nepal zählt zu den bekanntesten und meist begangenen Routen und ist in jedem Reiseführer dokumentiert. Doch wie fühlt es sich an, 12 Tage zu Fuss unterwegs zu sein, jeden Tag ein paar Stunden zu wandern und den mächtigen Bergen immer näher zu kommen? In diesem Buch schreibt Elisabeth Jucker von den vielen Kilometern auf nepalesischen Treppen und Wegen, von den verschiedenen Lodges, in denen sie übernachtet hat, und natürlich vom schmackhaften Essen, das immer und überall frisch gekocht wurde. Sie berichtet von Begegnungen mit Menschen, von Guides und Trägern, von Händlern und Verkäuferinnen.

Romane

Unerhörtes Glück. *Roman*
192 Seiten, gebunden und als eBook erhältlich
edition 8, Zürich 2018
ISBN 978-3-85990-332-6

Die Villa. *Roman*
224 Seiten, gebunden, edition 8, Zürich 2007
ISBN 978-3-85990-113-1

Übers Meer. *Roman*
208 Seiten, gebunden, edition 8, Zürich 2003
ISBN 3-85990-042-0

Gestern brennt. *Zwei Erzählungen*
160 Seiten, gebunden, edition 8, Zürich 2000
ISBN 3-85990-018-9

www.elisabethjucker.ch

Zeitfracht Medien GmbH
Ferdinand-Jühlke-Straße 7
99095 Erfurt, Deutschland
produktsicherheit@kolibri360.de